构建新型电力系统的
思考和探索

方雨辰◎著

·北京·

图书在版编目（CIP）数据

构建新型电力系统的思考和探索 / 方雨辰著. —北京：科学技术文献出版社，2022.9（2024.1重印）

ISBN 978-7-5189-9656-8

Ⅰ.①构… Ⅱ.①方… Ⅲ.①电力系统—供电管理—研究—中国 Ⅳ.①F426.61

中国版本图书馆 CIP 数据核字（2022）第 181840 号

构建新型电力系统的思考和探索

策划编辑：周国臻　责任编辑：赵　斌　责任校对：王瑞瑞　责任出版：张志平

出 版 者	科学技术文献出版社
地　　址	北京市复兴路15号　邮编　100038
编 务 部	（010）58882938，58882087（传真）
发 行 部	（010）58882868，58882870（传真）
邮 购 部	（010）58882873
官方网址	www.stdp.com.cn
发 行 者	科学技术文献出版社发行　全国各地新华书店经销
印 刷 者	北京虎彩文化传播有限公司
版　　次	2022年9月第1版　2024年1月第2次印刷
开　　本	710×1000　1/16
字　　数	110千
印　　张	8
书　　号	ISBN 978-7-5189-9656-8
定　　价	32.00元

版权所有　违法必究

购买本社图书，凡字迹不清、缺页、倒页、脱页者，本社发行部负责调换

前　　言

构建以新能源为主体的新型电力系统，是党中央基于加强生态文明建设、保障国家能源安全、实现可持续发展做出的重大决策部署。要实现我国应对全球气候变化挑战、实现全人类可持续发展福祉和进一步推动能源电力领域改革发展的双重任务目标，构建以新能源为主体的新型电力系统是最佳解决方案。

本书从分析新型电力系统的内涵特征入手，阐述了构建新型电力系统面临的困难和风险，思考了构建新型电力系统的技术难题，从保障电力安全供应的重要举措、推动能源转型升级的重要引擎、推进生态文明建设的战略选择和构建新发展格局的强大动力的高度，提出了构建新型电力系统的战略意义。

加快建设新型电力系统，将推动我国能源消费更加科学节约，能源供给更加清洁高效，能源技术更加绿色先进，能源体制更加符合市场发展规律；同时，在"碳达峰""碳中和"的共同愿景下，推动我国能源电力领域与国际社会开展更加紧密的全方位合作。

目 录

第一章　新型电网的内涵特征 1

第一节　新型电网的电源结构 4

第二节　新型电力系统新的负荷特性 17

第三节　电力系统新的电网形态 26

第四节　电力系统新的技术基础 41

第五节　电力系统新的运行特性 52

第二章　构建新型电力系统的风险和压力 63

第一节　新型电力系统安全稳定的风险 63

第二节　清洁能源消纳的压力 69

第三节　电力系统成本上升的压力 75

第三章　构建新型电力系统的技术难题 77

第一节　构建新型电力系统的顶层设计 77

第二节　构建新型电力系统的关键技术 89

第三节　数字赋能 93

第四节　市场及机制建设 97

第四章　构建新型电力系统的长远部署 109
第一节　指导新型电力系统发展的上层建筑 109
第二节　构建新型电力系统的战略意义 112

参考文献 121

第一章　新型电网的内涵特征

电力是国民经济的基础工业，是国家经济发展战略中的重点和先导产业，电力的发展关系着国家的稳定，满足着社会进步和人民生活水平的提高。

全球经济快速发展对能源需求日益增加，伴随《巴黎协定》的签署，各国对碳减排的重视程度逐渐提升。2016 年在杭州召开的 G20 峰会上，中国政府签署了《巴黎协定》，承诺在 2030 年左右碳排放达到峰值。2019 年中国能源消费总量 48.6 亿 t 标准煤，煤炭消费量占能源消费总量的比重下降至 57.7%，非化石能源消费比重达到 15.3%，天然气产量比上年增加约 160 亿 m^3，增幅创历史纪录。新能源消纳水平不断提高，水电、风电、光伏发电全国平均利用率分别达到 97%、96% 和 98%。中国能源供需形势总体平稳，能源消费结构不断优化，能源储运设施建设持续完善。2020 年后的 10 年将是中国能源发展转型的关键阶段，是关乎中国在 2030 年能否实现承诺的重要时期。

2020 年 3 月 15 日，中央财经委员会第九次会议提出深化电力体制改革，构建以新能源为主体的新型电力系统，为未来电力发展指明了方向。构建以新能源为主体的新型电力系统是党中央为电力发展指出的明确方向。2014 年，中央财经领导小组第六次会议提出了"四个革命、一个合作"的能源安全新战略：推动能源消费革命，抑制不合理能源消费；推动能源供给革命，建立多元供应体系；推动能源技术革命，带动产业升级；推动能源体制革命，打通能源发展快车道；全方位加强国际合作，实现开放条件下能源安全。"四个革命、一个合作"的能源安全新战略为能源转型发展指明了方向。现在的能源行业已经举起能源革命的大旗，朝着能源转型的方向前行。多年来的实践证明，这个方向是正确的。在这个方向的指引下，"碳达峰""碳中和"目标被提出来，意味着能源革命也提出了具体的时间表。这也是在能源发展过程中基于所取得的阶段性成果而提出的可行目标。构建以新能源为主体的新型电力系统是在"碳达峰""碳中和"目标下能源革命内涵的深化，为电力发展指明了方向，也给电力系统推进能源革命、推进生态文明建设、实现"碳达峰""碳中和"目标提出了具体要求。

新型电力系统应与现有的传统电力系统存在着代际差异。这个差异就是新型电力系统的核心特征——以新能源为主体，其中风电、光伏发电是我国发展最快的新能源电源类型，到2060年两者装机容量占比之和将达到约60%，发电量占比之和将达到约35%。电力系统从现在只能承载20%～30%的新能源装机占比，到未来能够承载60%及以上的新能源占比，这是从量变到质变的过程。以这个代际差异为基础，新型电力系统还将呈现其他几个支撑性的具体特征：

一是灵活性特征，未来的电力系统将是一个强不确定性系统，这就需要充分利用灵活性资源。一方面是电源端和负荷端的灵活性，新能源电力需要智能、灵活、友好并网，火电机组、天然气机组和储能电站将共同构成调峰电源体系；另一方面是电网的灵活性，未来电网将从传统的发输配用的垂直单一模式，转变为含多次电力电子变换的功率与信息双向流动模式，电网电力电子化，实现软件定义电网。

二是数字化特征，即泛在贯通、赋能高效。通过采集无处不在的数据并进行贯通，为电力生产、输送、调度和消费赋能，以电力大数据服务社会治理与经济发展，培育新型电力数字产业，为数字产业赋能。

三是综合能源多网协同，即电力的延伸特征。电力系统将与天然气、交通、建筑等多领域互联互通，智能电网将与热力管网、天然气管网、交通网络互联互通，形成综合能源供应，构成综合能源系统。这也是推进新能源消纳、实现能源电力系统高效运行的有效措施。

构建新型电力系统关键在于共建新型电力生态。发输配用、源网荷储，整个产业链条上的各环节都需要实现协同，需要新能源企业、化石能源企业、电网、用户等共同参与，共建生态，合作推进。构建生态的重要手段是机制创新，通过新机制推动行业及社会各方积极参与进来，增强实现转型目标的信心，逐渐形成共同推动变革的行动自觉。

构建新型电力系统应以科技创新为引领。能源转型是一个长期的过程，而要加速转型就要靠科技创新。《中华人民共和国国民经济和社会发展第十四个五年规划和2035年远景目标纲要》(简称"十四五"规划)提出的一个重点工作："坚持创新驱动发展，全面塑造发展新优势"，充分说明了国家的核心发展方向是创新。对电力系统来说，传统电力系统技术体系不适应大规模新能源和电力电子装备发展，储能、电力电子、交直流配电网、智能传感、高端芯片等技术都亟待创新突破。能源互联网建设过程中的互联网理念和思维为我们推进新型电力系统建设提供了重要的方式方法。这其中有两个核心要素：第一个是以用户为本，第二个是系统性、整体性、协同性思维。这紧扣我国以人民为中心的治国理政核心理念和我国改革发展的宝贵经验，以升维思考破解能源不可能三角：能源价格合理、能源供给充足、能源清洁环保三大目标难以同时实现。可以预想，未来的电力系统应该像互联网系统一样，比用户自身更了解其用能需求，以平台拉近供需距离，实现供需协同、广泛参与，形成新型电力生态，以系统性思维推进多种能源协同、供给与消费协同、集中式与分布式协同。

构建以可再生能源为主体的新型电力系统，与电力系统新的发展方向高度一致，与"碳达峰""碳中和"的目标要求高度一致。能源电力行业需要把自身发展放到国家大局中去考量，深刻理解构建新型电力系统的方向思路，坚定目标，增强信心，形成合力。

第一节　新型电网的电源结构

一、传统电力系统的电源结构

中国作为一个电力大国，传统电网的电源来自以煤、石油、天然气等为原料的火电和季节性明显、地域要求极高的水电。

（一）火电

火电即火力发电，是利用煤、石油、天然气等固体、液体、气体燃料燃烧时产生的热能，通过发电动力装置转换成电能的一种发电方式。

火电的能量转换经过为燃料化学能→蒸汽热能→机械能→电能，简单说就是利用燃料发热，形成高温高压过热蒸汽，蒸汽沿管道进入汽轮机不断膨胀做功，冲击汽轮机转子高速旋转，汽轮机带动发电机发电，最后又通过水泵进一步升压送回锅炉中重复参加上述循环过程。发电机发出的电经变压器升压后升到系统电压，输入电网，与系统并网，向外输送电能。

1. 原理流程

火力发电的流程依所用原动机而异。在汽轮机发电方式中，其基本流程是先将燃料送进锅炉，同时送入空气，锅炉注入经过化学处理的给水，利用燃料燃烧放出的热能使水变成高温、高压蒸汽，驱动汽轮机旋转做功而带动发电机发电。在燃气轮机发电方式中，基本流程是用压气机将压缩过的空气压入燃烧室，与喷入的燃料混合雾化后进行燃烧，形成高温燃气进入燃气轮机膨胀做功，推动轮机的叶片旋转并带动发电机发电。在柴油机发电方式中，基本流程是用喷油泵和喷油器将高压燃油喷入汽缸，形成雾状，与空气混合燃烧，推动柴油机旋转并带动发电机发电。热电联产方式则是将一次能源用于发电，将余热用于工业供热、居民供暖的生产运行模式。

2. 火力发电的效率

在火力发电方面，燃气轮机和蒸汽轮机发电厂目前已经实现了迄今最高的能源效率——超过60%。由于机器启动时间短，火电厂最适宜于补充风力发电带来的自然电力波动，而通过热电联产对热能的运用，总热效率可达到90%以上。

3. 火力发电系统的构成

根据火力发电的生产流程，其基本组成包括燃烧系统、汽水系统（燃气轮机发电和柴油机发电无此系统，但这二者在火力发电中所占比重不大）、电气系统、控制系统。

4. 燃烧系统

主要由锅炉的燃烧室（即炉膛）、送风装置、送煤（或油、天然气）装置、灰渣排放装置等组成。燃烧系统的主要功能是完成燃料的燃烧过程，将燃料所含能量以热能形式释放出来，用于加热锅炉里的水。主要流程包括烟气流程、通风流程、排灰出渣流程等。

5. 汽水系统

主要由给水泵、循环泵、给水加热器、凝汽器、除氧器、水冷壁及管道系统等组成。功能是利用燃料的燃烧使水变成高温高压蒸汽，并使水进行循环。主要流程包括汽水流程、补给水流程、冷却水流程等。对汽水系统的基本要求是减少汽水损失；尽可能利用抽气加热凝结水，提高给水温度。

6. 电气系统

主要由电厂主接线、汽轮机、主变压器、配电设备、开关设备、发电机引出线、厂用结线、厂用变压器、厂用电抗器、厂用电动机、保安电源、蓄电池直流系统及通信设备、照明设备等组成。基本功能是保证按电能质量要求向负荷或电力系统供电。主要流程包括供电用流程、厂用电流程。对电气系统的基本要求是供电安全、可靠；调度灵活；具有良好的调整和操作功能，保证供电质量；能迅速切除故障，避免事故扩大。

7. 控制系统

主要由锅炉及其辅机系统、汽轮机及其辅机系统、发电机及电工设备、附属系统组成。基本功能是对火电厂各生产环节实行自动化的调节、控制，以协调各部分的工况，使整个火电厂安全、合理、经济运行，降低劳动强度，提高生产率，遇有故障时能迅速、正确处理，以避免酿成事故。主要工作流程包括汽轮机的自启停、自动升速控制流程，锅炉的燃烧控制流程、灭火保护系统控制流程、热工测控流程、自动切除电气故障流程、排灰除渣自动化流程等。

在火电厂的各类辅机设备中，风机、水泵类设备占了绝大部分，蕴藏着巨大的节能潜力。由于容量和工艺的原因，传统的调节方式相对落后，大部分风机、水泵采用机械截流方式调节，使用效率低下，一半以上的风机、水泵类负载都存在着不同程度上的电能浪费。

（二）水电

水力发电是利用河流、湖泊等位于高处具有势能的水流至低处，将其中所含势能转换成水轮机的动能，再借水轮机为原动力，推动发电机产生电能。利用水力（具有水头）推动水力机械（水轮机）转动，将水能转变为机械能，再在水轮机上接上另一种机械（发电机），随着水轮机转动发电，这样机械能又转变为电能。水力发电在某种意义上是水的位能转变成机械能，再转变成电能的过程。

1. 原理

水力发电的基本原理是利用水位落差，配合水轮发电机产生电力，也就是将水的位能转为水轮机的机械能，再以机械能推动发电机，而得到电力。根据水位落差的天然条件，有效地利用流力工程及机械物理等，经过缜密计算以达到最高的发电量，供给廉价又无污染的电力。

2. 流程

水力发电的惯常流程为：河川的水经由拦水设施攫取后，经过压力隧道、压力钢管等水路设施送至电厂，当机组须运转发电时，打开主阀（类似家中水龙头），后开启导翼（实际控制输出水量的小水门）使水冲击水轮机,水轮机转动后带动发电机旋转,发电机加入励磁后建立电压,将电力送至电力系统。如果要调整发电机组的功率,可以通过调整导翼的开度以增减水量来实现,发电后的水经由尾水路回到河道,满足下游用水需求。

3. 系统

水电站是将水能转变为电能的水力装置,它由各种水工建筑物,以及发电、变电、配电等机械、电气设备组成,为一个有机的综合体,互相配合、协同工作。这种水力装置,就是水电站枢纽或水力枢纽,简称水电站。它由挡水建筑物、泄水建筑物、进水建筑物、引水建筑物、平水建筑物、厂区建筑物及枢纽中的其他建筑物等7个部分组成,机电设备则安装在各种建筑物里,主要是在厂房内及其附近。

① 挡水建筑物:其作用是拦截水流、推高水位、形成水库,以集中落差、调节流量,如坝和闸。

② 泄水建筑物:其作用主要是泄放水库容纳不了的来水,防止洪水漫过坝顶,确保水库安全运行,是水电站中必不可少的建筑物,如溢流坝、河岸溢洪道、坝下泄水管及隧洞、引水明渠、溢水道等。

③ 进水建筑物:其作用是使水轮机从河流或水库取得所需的流量,如进水口。

④ 引水建筑物:引水式或混合式水电站中用来集中落差和输送流量的工程设施,如明渠、隧洞等。有时水轮机管道也被称为引水建筑物,但严格说来,由于它主要是输送流量的,所以与同时具有集中落差和输送流量双重作用的引水建筑物并不完全相同,有些水电站具有较长的尾水隧洞及尾水渠道,这也属于引水建筑物。

⑤ 平水建筑物:其作用是当负荷突然变化引起引水系统中流量和压力剧烈波动时,借以调整供水流量及压力,保证引水建筑物、水轮机管道的安全和水轮发电机组的稳定运行,如引水式或混合式水电站引水系统中设置的压力池或高压池。

⑥ 厂区建筑物:包括厂房、变电站和开关站。厂房是水电站中最重要的建筑物之一,它不同于一般的工业厂房,而是由水力机械、电气设

备等有机结合在一起的特殊水工建筑物；变电站是安装升压变压器的场所；开关站是安装各种高压配电装置的地方，故也称高压配电场。

⑦ 枢纽中的其他建筑物：此类建筑物指对于将水能转变为电能这个生产过程没有直接作用的船闸或升船机、筏道、鱼道或鱼闸，以及为灌溉或城市供水而设的取水设施等。为了综合利用水资源，它们也是整个水电站中不可分割的一部分，对水电站的布置和运行也有重要的影响。

二、传统电力系统正面临颠覆性变革

2010年，美国学者、社会预言家杰里米·里夫金在他出版的《第三次工业革命》一书中，对新一代电力系统的基本形态有过大胆的预测：在未来的社会里，每个人既是能源消费者，又是能源生产者，人类将迎来能源民主化的新时代；能源革命将使"分布式智能网络"成为电网主体。集中型的超级电网与分散式的智能网络之争，将决定子孙后代究竟要从今天人们的手中，继承一个什么样的经济和社会的问题。世界能源电力领域近年来的变化及未来的发展趋势，证实了里夫金的远见卓识。

传统电力系统遵循的发展路线是：机组容量越来越大、电源越来越集中、电压等级越来越高、输电距离越来越远，构建"电自远方来"的模式。在我国，煤炭资源主要分布在西部和北部地区，水能资源主要集中在西南地区，经济发达的东部沿海地区一次性能源资源匮乏、用电负荷集中，能源资源与电力负荷分布的不均衡性决定了国家实行西电东送的大战略：把煤炭、水能资源丰富的西部省份的能源转化成电力资源，输送到电力紧缺的东部沿海地区。

西电东送在西部大开发的重点工程中，工程量最大、投资额最多，从2001年到2010年的十年间，总投资超过5200亿元。这一工程的实施，有利于西部能源资源优势转化为经济优势，减轻环境和运输压力，对于合理配置资源、优化能源结构、促进我国经济社会可持续发展具有重要意义。西电东送构建出"立体化"的电网，集中化程度不断提高，项目实施过程中提高电压等级以减少输送过程中的电能损耗,以此作为解决电网发展问题的基本手段和法宝。

在"碳达峰""碳中和"目标下,传统电网发展受到化石能源枯竭和环境污染的"瓶颈"制约。新型电网呼之欲出。根据风能、光能等新能源的特性,新型电网的电源以分布式开发为主,将海量小型、分散的电源接入配电网或一般高压电网,形成"电自身边来"的模式,电网趋向扁平化、分布化、局域化。这条路线的实质是遵循电网的"第一性原理"和分区平衡规律,依靠新能源和信息通信技术的创新,实现人类能源的可持续发展,完成传统电网和新型电网的转型升级,两条路线代表两个不同的时代。

三、新型电网的电源结构

在"碳达峰""碳中和"目标的引领下,我国电力系统进入了构建以新能源为主体的新型电力系统的发展阶段,将面临一系列新问题、新挑战。传统电源出力基本稳定可控,新能源出力则具有波动性和间歇性。传统电网无法应对高比例新能源、高比例电力电子设备、低系统转动惯量(刚体绕轴转动时的惯性),即"两高一低"带来的挑战,为了确保实现"碳达峰""碳中和"目标("3060"目标,即二氧化碳排放量力争于2030年前达到峰值,努力争取在2060年前实现"碳中和"),构建新型电网的任务不仅被提上议事日程,而且已上升为国家战略。2021年11月18日,国家能源局发布2021年1—10月全国电力工业统计数据。截至2021年10月底,全国发电总装机容量约23.0亿kW,同比增长9.0%。其中,可再生能源发电累计装机容量达到10.02亿kW,突破10亿kW大关,较2015年底实现翻番,占全国发电总装机容量的比重达到43.6%,比2015年底提高10.2个百分点。其中,风电装机容量3.0亿kW,同比增长30.4%;太阳能发电装机容量2.8亿kW。2021年,中国生物质发电新增装机808万kW,同比增长48.80%;生物质发电累计装机量3798万kW,同比增长28.66%。2021年1—10月,全国发电设备累计平均利用 3180 小时，比上年同期增加 106 小时。其中，核电设备 6471 小时，比上年同期增加 372 小时；风电设备 1827 小时，比上年同期增加 100 小时。2021 年 1—10 月，全国主要发电企业电源工程完成投资 3628 亿元，同比增长 4.5%，其中，水电 772 亿元，同比增长 8.4%；太阳能发电 369 亿元，同比增长 28.4%。电网工程完成投资 3408 亿元，同比增长 1.1%。

从国际上看，丹麦作为实现高比例新能源电力系统的"先行者"，实现了将近 60% 的发电量来自风电和光伏。德国、英国、葡萄牙、西班牙、意大利、希腊都实现了新能源发电量超过 20%。虽然我国风电、光伏发电并网装机容量居世界首位，但从发电量占比来看，风电、光伏发电年发电量占总发电量的比重分别为 5.5% 和 3.1%，还处于中低比例新能源发展阶段。作为"后来者"，"先行者"的先进经验值得我国借鉴，同时其在发展中暴露出来的问题更值得深思。我国的新型电网要在充分汲取国际经验教训的基础上，发现和解决现有问题，识别和防范潜在风险，助力我国"碳达峰""碳中和"目标顺利实现。

（一）风电

风力发电是把风的动能转为电能。作为一种蕴量巨大、清洁可再生能源，越来越受到世界各国的重视，全球的风能约为 2.74×10^9 MW，其中可利用的风能为 2×10^7 MW，比地球上可开发利用的水能总量还要大 10 倍。

1. 风力资源

风是没有公害的能源之一，而且它取之不尽、用之不竭。对于缺水、缺燃料和交通不便的沿海岛屿、草原牧区、山区和高原地带，因地制宜地利用风力发电，非常适合，也大有可为。我国风能资源丰富，可开发利用的风能储量约 10 亿 kW，其中，陆地上的风能储量约 2.5 亿 kW（根据陆地上离地 10 m 高度资料计算），海上可开发和利用的风能储量约 7.5 亿 kW。

2. 风电原理

把风的动能转变成机械能，再把机械能转化为电能，这就是风力发电。风力发电的原理是利用风力带动风车叶片旋转，再通过增速机提升旋转的速度,来促使发电机发电。依据目前的风车技术,大约是 3 m/s 的微风速度,便可以开始发电。风力发电正在世界上形成一股热潮,因为风力发电不需要使用燃料,也不会产生辐射或空气污染。

3. 风力发电系统

风力发电所需要的装置,称作风力发电机组。风力发电机组包括风轮(包括尾舵)、发电机和铁塔三部分。大型风力发电站基本上没有尾舵,一般只有小型(包括家用型)风力发电站才会有尾舵。

4. 风力发电机结构

(1)风轮

风轮是把风的动能转变为机械能的重要部件,它由两只(或更多只)螺旋桨形的叶轮组成。当风吹向桨叶时,桨叶上产生气动力驱动风轮转动。桨叶的材料要求强度高、重量轻,目前多为玻璃钢或其他复合材料(如碳纤维)。由于风轮的转速比较低,而且风力的大小和方向经常变化,使转速不稳定,所以在带动发电机之前,风轮须附加一个能把转速提高到发电机额定转速的齿轮变速箱,还要配上一个调速机构使转速保持稳定,才能连接发电机。为保证风轮始终对准风向以获得最大的功率,还需在风轮的后面装一个类似风向标的尾舵。

(2)铁塔

铁塔是支承风轮、尾舵和发电机的构架。

(3)发电机

由风轮得到的恒定转速,通过升速传递给发电机均匀运转,把机械能转变为电能。小型风力系统的发电效率很高,由风力发电机、充电器、数字逆变器组成。风力发电机由机头、转体、尾翼、叶片组成。叶片用来接收风力并通过机头转为电能;尾翼使叶片始终对着来风的方向从而获得最大的风能;转体能使机头灵活地转动以实现尾翼调整方向的功能;机头的转子是永磁体,定子绕组切割磁力线产生电能。

在风电领域,经常遇到的一个难题是:薄弱的电网短路容量、电网电压的波动和风力发电机的频繁掉线。随着变频技术的发展,整个系统内部的通信单元把要控制的要求传递给风电场的每一台风力发电机的控制单元，调节和控制变频装置的频率、相位角和幅值，使之达到调节电网的功率因数，为弱电网提供无功能量的要求。因此，变频技术在风电系统中有很重要的地位。

（二）太阳能

太阳能是指太阳的热辐射能，主要表现就是常说的太阳光线，一般用作发电或为热水器提供能源。地球上自诞生生命以来，就主要以太阳提供的热辐射能生存，而自古人类也懂得以阳光晒干物件，并作为制作食物的方法，如制盐和晒咸鱼等。在化石燃料日趋减少的情况下，太阳能已成为人类使用能源的重要组成部分，并不断得到发展。太阳能的利用有光热转换和光电转换两种方式，太阳能发电是一种新兴的可再生能源。

2021年，全国光伏发电量达到3259亿kW·h，同比增长25.1%，而近五年中国光伏发电量每年的增速都在20%以上。我国幅员广阔，太阳能资源极其丰富，通过合理的规划及有效形式的开发，太阳能将成为我国解决能源紧缺和环境污染等问题必不可少的一环。并网型光伏发电系统通过结合城市建设的特点所形成的分布式光伏发电系统已经得到了各方面的认可。现阶段，分布式光伏并网系统在相关国家及地方政策的照顾下已经开始得到全面的布局。

1. 发电原理

光电效应：本征半导体由纯硅构成，硅原子有4个外层电子，如果在纯硅中掺入有5个外层电子的原子，如磷原子，就形成了N型半导体；若在纯硅中掺入有3个外层电子的原子，如硼原子，则形成了P型半导体。P型半导体和N型半导体结合形成PN结。光线照射在太阳能电池上，光子进入PN结，其能量被共价键上的电子吸收，具有足够能量的电子克服引力做功，产生电子—空穴对。电子向带正电的N区运动，空穴向带负电的P区运动，在P区和N区之间发作一个向外的可测试的电压，如果组成闭合回路，就会产生电流，此时可在硅片的两边加上电极并接入电压表测试电压。对晶体硅太阳能电池来说，开路电压的典型数值为0.5~0.6 V。经由光照在界面层发作的电子—空穴对越多，电流越大。

PN结接纳的光子越多,电池面积越大,在太阳能电池中组成的电流也越大,这就是光电效应太阳能电池的工作原理。

2. 光伏发电系统

太阳能光伏发电系统是利用太阳能电池半导体材料的光伏效应,将太阳光辐射能直接转换为电能的一种新型发电系统。其主要包括太阳能电池组件(阵列)、控制器、蓄电池、逆变器、用户即照明负载等。其中,太阳能电池组件和蓄电池为电源系统,控制器和逆变器为控制保护系统,负载为系统终端。

3. 太阳能电板结构

(1) 太阳能电池组件

太阳能电池组件的作用是将太阳辐射能直接转换成直流电,供负载使用或存贮于蓄电池内备用。一般根据用户需要,将若干太阳能电池板按一定方式连接,组成太阳能电池方阵,再配上适当的支架及接线盒组成。

(2) 控制器

控制器主要由电子元器件、仪表、继电器、开关等组成。在太阳能发电系统中,控制器的基本作用是为蓄电池提供最佳的充电电流和电压,快速、平稳、高效地为蓄电池充电,并在充电过程中减少损耗,尽量延长蓄电池的使用寿命;同时保护蓄电池,避免过充电和过放电现象的发生。如果用户使用直流负载,通过充电控制器还能为负载提供稳定的直流电。

(3) 蓄电池

蓄电池是将太阳能电池方阵发出的直流电贮存起来供负载使用。在光伏发电系统中,电池处于浮充状态,夏天日照量大,除了供给负载用电外,还对蓄电池充电。在冬天日照量少时,这部分贮存起来的电能逐步放出。白天太阳能电池方阵给蓄电池充电,同时还要给负载用电,晚上负载用电全部由蓄电池供给。因此,要求蓄电池的自放电要小,而且充电效率要高,同时还要考虑价格和使用是否方便等因素。

(4) 逆变器

逆变器的作用就是将太阳能电池方阵和蓄电池提供的直流电逆变成220 V交流电,供给交流负载使用。

4. 光伏发电系统的组成及结构特点

光伏发电系统是通过一定的技术和设备将太阳能转化为电能，并驱动发电系统工作从而产生电能。根据光伏发电系统实现发电原理的不同，可以将太阳能光伏发电的类型分为光伏发电和光热发电两类。

通常来说，太阳能光伏发电指的是太阳能发电的形式。这是一种光电能源形式之间的直接转换，转换过程充分利用半导体材料的光伏特性，将获取到的光能经过物理变化直接输出为电能，这是一种近年来广泛普及的新型应用技术。对于我国而言，随着近几年相关科技水平的不断提高，光伏发电关键技术的应用已经在许多领域取得了不俗的成绩。在当前的能源紧缺环境中，清洁能源的使用广受关注。太阳能得以充分利用，能够有效地缓解资源过度使用和环境污染的状况。对于太阳能电池来说，其可以在经过特定的串联和组装之后形成固定的太阳能电池组件，再加上相应的控制器就可以实现光伏发电装置的最基本组成结构。总结当前光伏发电系统所具有的应用优势与特点，结合我国在发电领域中应用光伏发电的现状，可以得出光伏发电具有的主要特点如下：

首先，光伏发电系统具备良好的环境友好特性，在其建设和使用过程中不会产生废水、废气等对环境造成污染的物质。其次，光伏发电装置不包含任何齿轮、传动等能够转动的机械装置，在工作时不会产生噪音，这也使得其能广泛地在居民区、商业区和工厂等区域安装。在建设规模方面，光伏发电系统凭借其高度一体化的装置结构，占地面积普遍较小，安装、维护和保养也相对容易，同时维护、保养的费用也比较低。再次，光伏发电系统对于工作环境的限制和要求较小，只要有阳光，就能快速启动进入发电工作状态。最后，光伏发电系统运行的能源支持类型简单，一般采用电池供电，无须额外能源消耗，电池的使用寿命很长。

5. 光伏发电系统可靠性因素研究

光电元器件的有效性：光伏发电系统的正常稳定运行需要依靠大量的电子元器件和负责各功能模块的子系统的协同配合。而各类电子元器件的运行稳定性直接关系到整个光电系统将光能转化成电能的效率和效果。为了有效保证供电系统的可靠性，需要对其中涉及的各种电感元件、电容元件、电磁元件、电阻元件和连接器件的可靠性进行有针对性的筛选和确定。如果其中任意一个元器件失效，都将导致整个系统在缺乏维护和故障排除的情况中处于瘫痪状态，严重影响了光伏发电系统的正常运行效率和运行可靠性。为此，在日常的工作和维护当中，需要加强对密切关联系统可靠性的相关元器件的维护和保养。着重关注其内部各模块单元和负责关键性处理步骤的元器件的运行有效性。

6. 系统结构和设计存在不足

从光伏发电系统的结构划分来看，光伏发电系统实现光电能量类型转换功能的系统，主要有硬件系统和软件系统两大部分组成。由于软件部分的系统程序设计存在疏漏、错误或运行异常等情况，会在软件层面上导致系统的运行故障。一旦软件系统出现故障，需要明确地找出问题出现的原因和位置，针对软件设计方面的不足，及时进行修复和优化。另外，硬件系统的故障主要集中在电路设计方面。由于设计阶段的考虑不足或对后期使用过程中应用条件设想的不到位，都可能导致硬件电路出现故障。在焊接电路时使用的元器件材料，如果质量不合格也将明显降低硬件电路的使用寿命，导致光伏系统不能正常运转。

（三）核电

核电是指将核能转换为热能，用以产生供汽轮机使用的蒸汽，汽轮机再带动发电机从而发电的发电方式。

核电站与火电站发电过程相同，均是热能→机械能→电能的能量转换过程，不同之处主要是热源部分。火电站是通过化石燃料在锅炉设备中燃烧产生热量，而核电站则是通过核燃料链式裂变反应产生热量。

1. 核电系统

核电站的组成通常有两部分：核系统及核设备，又称为核岛；常规系统及常规设备，又称为常规岛。这两部分组成了核能发电系统。

核岛中主要的设备为核反应堆及由载热剂（冷却剂）提供热量的蒸汽发生器，它替代常规火电站中蒸汽锅炉的作用。常规岛中的主要设备为汽轮机（原动机）和发电机及其相应附属设备，常规岛的组成与常规火电站的汽轮机大致相同。

核电站除了关键设备——核反应堆外，还有许多与之配合的重要设备。以压水堆核电站为例，重要设备还有主泵、稳压器、蒸汽发生器、安全壳、汽轮机和危急冷却系统等，它们在核电站中有各自的特殊功能。

2. 核电站组成部分

（1）主泵

如果把反应堆中的冷却剂比作人体血液，那主泵则是心脏。它的作用是把冷却剂送进堆内，然后流过蒸汽发生器，以保证裂变反应产生的热量及时传递出来。

（2）稳压器

稳压器又称压力平衡器，是用来控制反应堆系统压力变化的设备。在正常运行时，稳压器起保持压力的作用；在发生事故时，能提供超压保护。稳压器里设有加热器和喷淋系统，当反应堆压力过高时，喷洒冷水降压；当压力太低时，加热器自动通电加热使水蒸发以增加压力。

（3）蒸汽发生器

它的作用是把通过反应堆的冷却剂的热量传给二次回路水，并使之变成蒸汽，再通入汽轮机的汽缸做功。

（4）安全壳

用来控制和限制放射性物质从反应堆扩散出去，以保护公众免遭放射性物质的伤害。万一发生罕见的反应堆一回路水外逸的失水事故时，安全壳是防止裂变产物释放到周围的最后一道屏障。安全壳一般是内衬钢板的预应力混凝土厚壁容器。

（5）汽轮机

核电站用的汽轮机在构造上与常规火电站用的大同小异，所不同的是由于蒸汽压力和温度都较低，所以同等功率机组的汽轮机体积比常规火电站的大。

（6）危急冷却系统

为了应对核电站一回路主管道破裂的极端失水事故的发生，近代核电站都设有危急冷却系统。它是由安全注射系统和喷淋系统组成的。一旦接到极端失水事故的信号，安全注射系统将向反应堆内注射高压含硼水，喷淋系统将向安全壳喷水和化学药剂，便可降低事故的危害，限制事故蔓延。

3. 核电布局

根据国家能源局提出的能源规划思路，其中核电发展要求推动内陆核电项目，形成"东中部核电带"。

在核电规划布局上，一是采用成熟、先进的核电技术，在辽宁、山东、江苏、浙江、福建等沿海省份加快发展核电；二是稳步推进江西、湖南、湖北、安徽等中部省份的内陆核电项目，形成"东中部核电带"。根据电网负荷分布情况，适当建设一些抽水蓄能电站。

核电的发展有力带动了核电设备产业的迅速发展。2021年，全球第一台"华龙一号"核电机组——中核集团福建福清核电5号机组投入商业运行，"华龙一号"继承了中国核电已形成的工业基础，充分利用了30年来的核电建设和运营的成熟经验，设备国产化率能够达到87%以上。按照装机容量超过7000万kW来计算，未来10年，我国核电总投资规模将高达1万亿元，核电设备在核电站投资中的占比约60%，设备投资约6000亿元。如果按核岛、常规岛、辅助设备国产化率分别为70%、80%、90%计算，国内核电设备制造商将分享3200多亿元的市场，市场潜力巨大[1-2]。

第二节　新型电力系统新的负荷特性

一、传统电力系统的负荷特性

系统的负荷特性是指负荷功率随负荷端电压或系统频率变化而变化的规律。对某一时刻，系统用户所消耗功率之和，称为电力系统的综合用电负荷。综合用电负荷加上同一时刻电力网络中损耗的功率，即该时刻电力系统中各发电厂供应功率之和，称为电力系统的供电负荷。供电负荷再加上同一时刻各发电厂本身消耗的功率（厂用电），即该时刻电力系统中各发电机发出功率的总和，称为电力系统的发电负荷。负荷特性可分为电压特性和频率特性。电压特性，又可分为电压静态特性和电压动态特性两种。电压静态特性，是指电压变化后进入稳态时负荷功率与电压的关系；电压动态特性，是指电压急剧变化过程中负荷功率与电压的关系。频率特性，又可分为频率静态特性和频率动态特性两种。频率静态特性，是指频率变化后进入稳态时负荷功率与频率的关系；频率动态特性，是指频率急剧变化过程中负荷功率与频率的关系。

二、常用的负荷特性指标分析

在负荷特性分析研究当中，涉及的负荷特性指标数量较多，包括日、月、年等不同时间段的特性指标，有的是数值型，有的是曲线类；有的是反映负荷特性总体状况的，用于进行各地区横向比较；有的是在电力系统规划设计中需要用于进行分析计算的；有的是用于调度运行时作为参考依据。

（一）负荷率

负荷率是在统计期间（日、月、年）的平均负荷与最大负荷之比的百分数被称为负荷率。负荷率用来衡量在规定时间内负荷的变动情况，考核电气设备的利用程度。负荷率指标包括日负荷率、日最小负荷率、月负荷率、季负荷率、年平均日负荷率及年负荷率。下面分析较为典型的几个指标。

1. 日负荷率和日最小负荷率

日负荷率：日总负荷和平均负荷的比值。

日最小负荷率：一天内最小负荷与最大负荷的比率。

日负荷率和日最小负荷率用于描述日负荷曲线特性，表征一天中的不均衡性，较高的负荷率有利于电力系统的经济运行。

日负荷率 =（日用电量/24/日最大负荷）×100%。 （1-1）

日最小负荷率 = 日有功负荷/24/8—24 时内某时最高负荷 ×100%。

（1-2）

日负荷率和日最小负荷率的数值大小，与用户的性质和类别、组成、生产班次及系统内的各类用电（生活用电、动力用电、工艺用电）所占的比重有关，还与调整负荷的措施有关。随着电力系统的发展，用户构成、用电方式及工艺特点可能发生变化，各类用户所占的比重也可能发生变化。因此，日负荷率和日最小负荷率也会发生变化。

2. 月负荷率

月负荷率又称月不均衡系数，是由用电部门在月、周内的停工休息、设备检修、生产作业顺序，以及有无新用户投入生产等所引起的，同时，该指标也反映了用户因设备小修、生产作业顺序不协调或因停电而引起的停工休息等的影响。月负荷率主要与用电构成、季节性变化和节假日有关。详述如下：

季节和地域性对月负荷率有影响。电力系统内如果农村用电占较大比重时，农业排灌受到天然降水量的影响，因为天然降水是不均衡的，这种不均衡性会导致农业用电的不均衡，导致用电季节性强，农业排灌用电对月负荷率有较大影响，农业用电占较大比重的地区，月负荷率较低。

节假日对电网月负荷率的影响也很明显。一般出现大型节假日的月份，如春节、劳动节和国庆节所在月份的月负荷率较低。

3. 季负荷率

季负荷率又称季不均衡系数，反映用电负荷的季节性变化，包括用电设备的季节性配置、设备的年度大修及负荷的年增长等因素造成的影响。其定义为全年各月最大负荷的平均值与年最大负荷值之比。

4. 年平均日负荷率

年平均日负荷率是一年内日负荷的平均反映，即主要反映了第三产业负荷的影响，但它并不是所有日负荷率的平均值，而是全年各月最大负荷日的平均负荷之和与各月最大负荷之和的比值。

负荷率还与三类产业的用电结构变化有关。通常情况下随着第二产业用电比重的增加而增大,随着第三产业用电和居民生活用电所占比重的增加而降低。

(二)峰谷差

峰谷差为最高负荷与最低负荷之差。在负荷曲线图上,最高负荷称高峰,最低负荷称低谷;平均负荷至最高负荷之间的负荷,称尖峰负荷,即峰荷;平均负荷至最低负荷之间的负荷,称腰荷;最低负荷以下部分,称为基本负荷。峰谷差的大小直接反映了电网所需要的调峰能力。峰谷差主要是用来安排调峰措施、调整负荷及电源规划的研究。

峰谷差主要与用电结构变化和季节性变化有关。微波炉、电炊具、电暖器、空调等已逐渐进入百姓家庭;同时,为了满足人们的消费需求,大量以服务业为主的第三产业蓬勃发展,这些导致用电结构发生变化。而在工业领域,一方面在经济转型期间,相当一部分的企业由于能耗高、产值低及产品在市场上缺乏竞争力等原因,不得不停产或倒闭;另一方面由于政策性影响,大部分工业企业采取了节能降耗措施,使得工业单位产值用电量下降。这些都会导致系统的峰谷差拉大。

季节性变化。我国南北跨度较大,受气候影响,南方夏季炎热,空调负荷占的比重较大;而在北方冬季比较寒冷,采暖负荷占的比重较大。这些也会导致系统的峰谷差增大。

(三)年最大负荷利用小时数

年最大负荷利用小时数主要用于衡量负荷的时间利用效率。计算公式为

$$T_{\max}=\frac{A}{P_{\max}}。 \qquad (1-3)$$

式中,$T_{\max}$ 为年用电最大负荷利用小时,单位为 h;A 为年用电量,单位为 kW·h;$P_{\max}$ 为年用电负荷最大值,单位为 kW。

从定义可知，年最大负荷利用小时数是一个综合性的指标。与各产业用电所占的比重有关。一般来讲，电力系统中重工业用电占较大比重的地区，年最大负荷利用小时数较高，保持在 6000～6500 小时；而第三产业用电和居民生活用电占较大比重地区的年最大负荷利用小时数较低。

（四）年持续负荷曲线

年持续负荷曲线是按一年中系统负荷的数值大小及其持续小时数顺序排列而绘制成的。它不同于一般的负荷曲线，不能反映负荷在年内的变化，但却能反映年内各种负荷水平的持续时间，表明负荷大小与时间的函数关系。主要起的作用：安排发电计划、可靠性估算。年持续负荷曲线还与拉闸限电、新的大工业负荷投入、新设备机组的投入运行及电网改造等有关。

（五）同时率

同时率是指地区电网最大负荷同各构成分区电网最大负荷之和的比值。电网规划设计中，同时率是一个非常重要的指标，它可以帮助规划人员进行更准确的负荷预测。具体来讲：在空间负荷预测中，把各个分地块负荷值最后要合并叠加起来，得到分区总的远期负荷值，由于存在一个负荷同时率的问题，对于不同类型的负荷不能直接把它们简单相加，因此需要将不同类型的负荷按负荷特性曲线相加。

（六）用电构成

用电构成不同，月负荷率值也不同。在重工业地区，特别是黑色冶炼工业比重大的地区，月负荷率较高，一般在 0.90～0.97，而在轻工业用电和机械工业用电占较大比重的地区，月负荷率就稍低些，在 0.85～0.90。

电力系统中的负荷还有等级的区别，等级划分是根据停电造成的损失大小来界定的。具体负荷划分如下：中断供电将造成人身伤亡或政治、军事、经济上的重大损失的负荷，称为一类负荷，重大损失指发生重大设备损坏，产品出现大量废品，引起生产混乱，重要交通枢纽、干线受阻，广播通信中断，城市水源中断，严重环境污染等，兵工厂、大型钢厂、火箭发射基地、医院等属于一类负荷，对于这类负荷要保证不间断供电。中断供电将造成严重停产、停工，局部地区交通阻塞，大部分城市居民的正常生活秩序被打乱的负荷，称为二类负荷，企业工厂、大城镇、农村排灌站等属于二类负荷，对这类负荷在可能的情况下也要保证不间断供电。三类负荷是除一、二类负荷之外的一般负荷，这类负荷短时停电造成的损失不大，工厂附属车间、小城镇、农村居民用电等属于三类负荷，对这类负荷可以短时停电。

三、电力系统中计算负荷的单位

电力系统中，负荷也叫功率，共3种功率：有功功率（P）、无功功率（Q）和视在功率（S）。发电机、电动机等实际发出和吸收的能量以有功功率来表示，单位用 W（瓦）、kW（千瓦）、MW（兆瓦）等表示，$1\,\text{MW}=10^3\,\text{kW}=10^6\,\text{W}$。由于电网中存在容性负载和感性负载，会有无功功率产生，无功功率的单位用 var（乏）、kvar（千乏）、Mvar（兆乏）等表示，$1\,\text{Mvar}=10^3\,\text{kvar}=10^6\,\text{var}$。视在功率是表示交流电器设备容量的量，单位用 VA（伏安）、kVA（千伏安）、MW（兆伏安）等表示，$1\,\text{MVA}=10^3\,\text{kVA}=10^6\,\text{VA}$。

$\cos\Phi$ 是功率因数角，表示电压相位超前于电流相位的角度。S、P、Q 存在功率三角形关系。三相负荷中，任何时候这3种功率总是同时存在：

$$S^2 = P^2 + Q^2, \qquad (1-4)$$

$$S = \sqrt{P^2 + Q^2}, \qquad (1-5)$$

$$S = 1.732UI, \qquad (1-6)$$

$$P = 1.732UI\cos\Phi, \qquad (1-7)$$

$$Q = 1.732UI\sin\Phi, \qquad (1-8)$$

$$\cos\Phi = P/S, \qquad (1-9)$$

$$\sin\Phi = Q/S。 \qquad (1-10)$$

四、新型电网的负荷特性

"碳达峰""碳中和"目标下,新型电力系统的负荷结构更加多元、用户双向互动更加深入、负荷特性更加复杂,这势必对传统电力系统的运行分析和控制手段提出更高的要求。

(一)新型电力系统负荷变化呈现新的趋势

1. 负荷结构更加多元

在"碳达峰""碳中和"目标的驱动下,新型电力系统的负荷结构将更加多元,"以电代油""以电代煤"的电能替代发展战略将陆续落实。以新能源汽车、电采暖为代表的电力产品将逐渐抢占传统高排放产品的市场。根据中汽协最新统计显示,截至2021年5月底,我国新能源汽车保有量达到580万辆,预计未来5年新能源汽车产销增速将保持在40%以上。另外,中央财政对"煤改气""煤改电"等清洁取暖改造政策的扶持力度持续加大,打破了传统"以热定电"的规则,促进了新能源的消纳,也使热负荷参与需求侧响应成为了可能。这些电能替代产品的强势发展势必影响未来电力系统负荷曲线。

2. 用户双向互动更加深入

目前,我国能源消费侧的用能效率和电能占比较低,用户与能源系统之间的互动不足。新型电力系统更加依赖出力随机性较强的清洁能源,发电侧灵活调节能力降低,需要大力发展储能建设,并深入挖掘用户侧调节潜力。随着电动汽车等新型负荷的不断涌现、用户侧分布式储能的推广应用、电力市场现货交易机制的不断完善,提升电网供需互动水平是实现新型电力系统高效运转的客观要求和必要基础。灵活深入的供需互动将改变新型电力系统的负荷形态:分布式储能的接入使用户从消费者(Consumer)转变为产消者(Prosumer),负荷不再是单一流向分布,而是参与电网侧的双向能量互动。

3. 负荷特性更加复杂

高度电力电子化是新型电力系统的典型特征之一,不仅体现在发电侧电源动态特性的变化，还呈现出越来越复杂的电力电子化负荷特性。为满足用户对可靠性、便捷性、效能等方面的更高要求，用户侧与电网侧的交互将越来越多，用户接口处也越来越依赖辅助控制性能更高的电力电子设备，如电动汽车充电站、轨道交通牵引系统、写字楼变频制冷系统等。同样，为适应新型电力系统"源网荷"设备快速更新和即插即用的需求，未来配电网基础设施建设也更倾向于采用以电力电子技术为基础的综合解决方案，如直流配电网、微电网、云储能等。这些变化势必造成负荷侧逐渐走向高度电力电子化，使城市配电网的负荷特性更加复杂[3]。

（二）新型电力系统负荷变化影响探讨

1. 负荷建模更加复杂

负荷模型是分析电力系统动态行为的基础工具之一，新型电力系统的负荷特性更加复杂，与传统负荷存在较大差异，造成现有负荷模型的描述能力下降，对暂态稳定、小扰动稳定和电压稳定等都有不同程度的影响，主要表现在：

① 新型能源支撑的电动汽车等柔性负荷的接入带来了更大的负荷波动性、时变性和随机性，增大了负荷模型参数的选择难度；

② 用户负荷具有时空分布零散、单体调节容量较小等固有特性，不利于大规模负荷的动态聚合；

③ 电力电子负荷多包含滤波电容等非线性元件，传统负荷模型缺乏考虑电力电子负载的非线性特性，影响了电力系统电压、频率稳定分析结果的准确性。

2. 负荷预测更加困难

在电力市场环境下，负荷预测是编排发电计划、交易计划、调度计划的基础，在电力系统中占据重要地位。随着未来电动汽车等新型能源负荷的大力推广和多元用户互动的不断深入，负荷的随机性、不确定性增加，负荷预测难度增大。不同的负荷种类需要更加具有针对性和细化的负荷预测方法。用户用电行为更加复杂，在环境、社会、经济等方面形成多维度的耦合关系，难以获得精确的用户侧用电负荷特性和分布规律。因此，在新型电力系统负荷背景下，未来负荷预测工作可将模型驱动和数据驱动的方法相结合，发挥大数据、云计算、人工智能等新技术之间的相互助力作用。

3. 超高次谐波注入

与常规负荷不同，电力电子负荷具有非线性阻抗特性，容易引起交流电网正弦波的畸变，影响用户侧的电能质量甚至电网侧的稳定运行。半导体技术是电力电子化的关键技术与实现基础，随着接入电网的半导体器件开关频率的提高，除了对传统电网有巨大影响的三次谐波外，变换器注入电网的谐波向着高频化方向延伸，超高次谐波频谱跨度宽、起因多样、传播交互作用引起的电能质量问题将越来越多。

4. 宽频振荡问题

随着新能源在电力系统比重的增多，且电力系统电力电子化程度的提升，电力电子设备引起的电磁振荡问题逐渐凸显。电力电子化使电力系统振荡频率范围变大，具有显著的"宽频"特征。宽频振荡是指由大量异构化电力电子设备引起的多时间尺度相互作用所引起，始于小信号负阻尼失稳，在较宽频率范围（几赫兹至数千赫兹）内的发散性持续振荡。目前，学界对宽频振荡问题尚未形成统一的认识，在新型电力系统背景下，宽频振荡将表现出形态多样、时变异构和广域传播等新特征，如何对其进行科学量化和有效治理，是未来电力系统稳定分析亟须探索的课题。

5. 配电网保护挑战

新型电力系统的负荷侧将呈现规模化的"电网—用户"供需互动，不但在用户侧实现用能效益最大化，也为电网侧提供更加灵活的调配资源空间。但是，大规模的双向能量互动将改变配电网的形态，由微电网、直流配电网等组成的柔性配电网将为配电网保护系统带来新的问题，主要表现在：

① 配电网负荷侧的潮流双向流动影响继电保护装置的灵敏性；

② 传统集中式保护架构不利于柔性配电网点多、面广的供需互动资源扩展；

③ 复杂的潮流环境将使配电自动化系统更加依赖于通信网络的可靠性。因此，在新型电力系统负荷侧资源灵活互动的背景下，配电网保护系统将面临多重挑战[4]。

第三节　电力系统新的电网形态

一、传统电力系统的电网形态

随着整个社会对电能的依赖越来越强，对电网供电可靠性的要求也逐渐提高，电网形态越来越复杂，接入设备类型和数量越来越多。传统电力系统的电网形态是高压网络的集中式输电系统，这对于传统大容量电源供电来说，有助于减小能源损耗及各地区的电力互联。但这种集中式系统存在着可能因某一点的故障而造成的区域性停电事故，甚至造成区域性乃至跨区域的大面积电力系统的崩溃。

从电网全局看，输电网处于中心枢纽地位，类似一个"大蓄水池"，配电网围绕其四周，像无数"小蓄水池"。输电网的一个重要功能就是随时吸收或补充配电网的盈余或缺额，为配电网的可靠供电提供保障；配电网则在为用户提供服务的同时，遵循技术规律和运行规程要求，尽其所能为全网的安全稳定做出应有贡献（如实施需求响应等）。输配电网间形成双向互动互助、协调共生的关系。

输电网由输电设备和变电设备构成。输电设备主要是输电线、杆塔、绝缘子串、架空线路等；变电设备主要是变压器、电抗器、电容器、断路器、接地开关、避雷器、电压互感器、电流互感器，以及电力保护、监视、控制、通信系统。总而言之，输电网是将发电厂、变电所或变电所之间连接起来的送电网络。

配电网是从输电网或地区发电厂接收电能，通过配电设施就地分配或按电压逐级分配给各类用户的电力网，由架空线路、电缆、杆塔、配电变压器、隔离开关、无功补偿器及一些附属设施等组成，在电力网中起重要分配电能作用的网络。

传统电网中输电网根据输电电压的不同可以分为高压输电网（110～220 kV）、超高压输电网（330～750 kV）、特高压输电网（1000 kV 及以上）。

配电网按电压等级可分为高压配电网（6～110 kV）、低压配电网（0.4 kV）。

按供电区域可分为城市配电网、农村配电网、工厂配电网。

从电网的供电网络结构来看，电网主接线方式大致可分为有备用和无备用两大类。无备用接线方式包括单回的放射式、干线式、链式网络。有备用接线方式包括双回路的放射式、干线式、链式及环式(包含双回路环式)和两端供电网络。实际生产中，根据负荷等级的需求和经济成本选择电网的接线方式。

配电网一般采用闭环设计、开环运行，其结构呈辐射状，即任何一条线路故障时另一条线路都可以暂时承担故障线路上的负荷，而故障线路都可以随时切除，不会影响其他线路的正常运行，采用闭环结构是为了提高运行的灵活性和供电可靠性。开环运行一方面是为了限制短路故障电流，防止断路器超出遮断容量发生爆炸；另一方面是控制故障波及范围，避免故障停电范围扩大。

二、电力系统新的电网形态

如果说传统的电网形态是以交流同步发电机主导的交流电网，发供用电同时完成，新型电力系统则是拥有高比例变流器的交直流混联电网，储能在新型电网中已经成为与电源、电网、负荷并列的不可或缺的第四要素，传统电力的特性正在部分被改变，输配电网的关系发生根本性变化。遍布电网各式各样的储能设备和储能系统，创造了电力电量平衡的新模式，"储电于民"是新型电力系统的一个显著特征，有源化和协同化使配电网由原来单纯的供电网，变成可以进行自我平衡的局域电网。

第三次工业革命和新一轮能源革命正在孕育发生，智能电网对此发挥着重要的承载和推动作用，其在传统电力系统各环节基础上，广泛应用大数据、云计算、物联网、移动互联、人工智能、区块链、边缘计算等技术，最终构成能源流、业务流、数据流"三合一"的能源互联网，新型电网内设备广泛互联、数据共享，通过虚拟电厂和多能互补等方式促进清洁能源消纳，构建综合能源生态体系[5]。

三、云储能

（一）简介

云储能是一种基于电网的储能服务。近年来，风电与太阳能发电等可再生能源在全球范围内发展迅猛，其发电比例在各国均有显著提高。未来电力系统将逐渐步入高比例可再生能源的时代，其重要特征之一是电力系统中灵活资源稀缺化。一方面，大规模集中式的可再生能源发电出力具有很大间歇性，进而导致系统实时电价的大幅变化，这些波动性需要有储能来平抑；另一方面，分布式的可再生能源电源也需要配备分散的储能装置，以满足用户存储和使用可再生能源所产生的过剩电能的需求。储能在电力系统中的价值逐渐增加，将成为未来电力系统中的重要而广泛的资源。而电力系统中的储能资源主要以大型抽水蓄能电站为主，基于电池的储能设备由于成本较高等原因尚未在电力系统范围内广泛应用。

近年来，全球范围内广泛开展了共享经济模式的商业实践。Uber（优步）和 Airbnb（爱彼迎）作为共享经济的代表，已经获得了较大的商业成功。电力系统的核心任务是为用户提供稳定可靠的电能，这一提供商品与服务的过程就是电力系统的商业本质之所在。而在电力系统商业模式中，用户大多被动地"共享"电网基础设施，而较少真正主动地通过共享的方式与电力系统产生互动。云储能将共享经济模式与电力系统深度融合，产生未来电力系统的新形态，为用户释放更多的红利。

云储能是一种基于已建成的现有电网的共享式储能技术，使用户可以随时、随地、按需使用由集中式或分布式的储能设施构成的共享储能资源，并按照使用需求支付服务费。

云储能依赖于共享资源而达到规模效益，使得用户可以更加方便地使用低价的电网电能和自建的分布式电源电能。云储能可以综合利用集中式的储能设施或聚合分布式的储能资源为用户提供储能服务。云储能可将原本分散在用户侧的储能装置集中到云端，用云端的虚拟储能容量来代替用户侧的实体储能。云端的虚拟储能容量以大规模的储能设备为主要支撑，以分布式的储能资源为辅助，可以为大量用户提供分布式的储能服务。

提供商投资大规模的储能设备可以充分利用规模效应，而使用分布式的储能资源可以提高现有的闲置储能的利用率。使用云储能的用户可以根据实际需求向云储能提供商购买一定期限内的虚拟储能的使用权。云储能用户使用云端的虚拟储能如同使用实体储能，通过公共互联网，用户可以控制其云端虚拟电池充电和放电，但与使用实体储能不同的是，云储能用户免去了用户安装和维护储能设备所要付出的额外成本；而云储能提供商把原本分散在各个用户处的储能装置集中起来，通过统一建设、统一调度、统一维护，以更小的成本为用户提供更优质的服务。

（二）运行与模式

传统意义上，用户想要使用储能来降低综合用电费用，需要在本地自己投资建设储能系统，并进行日常的维护。而与之不同的是，云储能是基于共享经济的一种新型的储能商业模式，其内涵主要通过要素体现，具体阐述如下。

1. 价值主张

云储能以"共享"为主要价值取向，通过用户共享储能资源而提高资源利用效率，进而实现综合成本的降低，并在此基础上可以进一步满足更多用户的储能使用需求。云储能致力于为用户提供与实体储能一致的服务，用户使用云端虚拟电池就如同使用实体的分布式储能一样。用户在云储能模式中的参与感大大增强，可以按照自己的意愿去控制云端电池的充电和放电，云储能提供商会做出相应的响应。云储能商业模式以服务用户为核心，全力为用户提供简便易用、质优价廉的储能服务。

2. 消费者目标群体

根据研究,云储能所针对的细分市场为家庭用户和小商业用户。这类用户数量庞大,每个用户都有使用储能设备来降低用电费用的动力。然而这类用户中单一用户储能需求量较小,对于价格较为敏感,但是在市面上难以买到恰好符合其容量需求的储能设备,这就为用户共享储能资源提供了可能性。此外,家庭用户之间及小商业用户之间的用电行为存在着一定的互补性。因此,为了产生更大更可观的聚合效益,云储能服务应当大量吸收这类用户。

3. 营销渠道

云储能商业模式可以直接通过售电商或节能服务公司来进行营销。随着售电侧市场的不断发展,云储能将作为能源增值服务中的一个品种,建立线上线下相结合的灵活营销渠道。同时结合大数据技术,能够根据用户用能习惯实现差异化精准营销。

4. 客户关系

云储能提供商与云储能用户之间是互惠互利的关系。云储能提供商能够提供储能服务,为用户降低用电成本。此外,云储能提供商也通过提供云储能服务而改善了用户的负荷曲线,缓解了系统供需平衡压力。

5. 资源配置

云储能提供商的储能资源配置主要分为两部分:一部分是集中式储能设施;另一部分是分布式储能资源。集中式储能设施由云储能提供商投资建设,方便调度控制,是提供云储能服务的主要储能实体。分布式储能资源的所有者一般为用户或电网,云储能提供商主要通过租赁的方式获得分布式储能资源的使用权。云储能提供商所聚集的这些分布式储能资源是其集中式储能资源的重要补充。

6. 核心能力

云储能提供商成功的关键是要聚拢大量的具有互补性的用户并实现规模效益。因此,它需要有数据分析、优化、通信、预测等多种技术作为支撑。

7. 服务流程

云储能提供商根据其所掌握的技术经济信息为用户设定云储能服务价格。用户根据云储能服务价格和自己的用电情况决定购买多少云端电池容量。云储能提供商根据用户购买云端电池容量的情况和所模拟出的用户充放电需求投资建设集中式储能设施和租赁分布式储能资源。用户向云储能提供商购买储能容量使用权之后，在运行中根据自身储能使用需求向其所购买的云端电池发出充电和放电指令。云储能提供商通过合理地选择储能设施的充放电时机及充放电功率，以期达到尽可能小的自身成本。在运行过程中，配电网为云储能充当备用，当储能设施中的电能不足以满足用户的放电需求时，云储能提供商从电网直接购买电能供用户使用。

8. 结算方法

用户使用云储能服务需要向云储能提供商支付服务费从而获得云端电池容量的使用权。在实际运行中，用户控制云端电池充电所产生的充电电费按照运行时的实时电价结算，由云储能提供商代收。用户控制云端电池放电不产生直接费用。用户控制云端电池放电的功率超过用户负荷而产生的向电网反送电的收益将首先由云储能提供商代为支付。用户的负荷不能被云端电池放电所满足的部分将由用户直接与电网结算，支付相应的用电费用。云储能提供商向电网支付储能设施充电的电费、储能设施电量不能满足用户放电需求时从电网获得功率的电费。储能设施放电超过用户放电需求而产生的向电网反送电的收益将由电网支付给云储能提供商。因此，在实际运行中的结算次序首先是云储能提供商、用户与电网进行结算，然后是云储能提供商和用户之间进行结算。结算周期可视实际情况设定为每天、每周或每月。

9. 成本结构

云储能提供商的成本可分为投资成本和运行成本。投资成本包括云储能提供商建设集中式储能设施的成本和租赁分布式储能资源的成本。运行成本包括两项正成本和一项负成本。两项正成本分别是云储能提供商充电成本和用户发出放电需求但是储能资源中能量不足从而需要从电网直接购电的成本。负成本为用户因操作其云端电池充电而产生的充电成本。因此，云储能提供商的运行成本为上述两项正成本之和再扣除用户充电费用。其他类型的成本，如财务费用等，暂时未予以考虑。

10. 收入结构

在云储能商业模式开展的初期，云储能提供商的收入主要是用户支付的云储能服务费。用户支付给云储能提供商服务费从而获得未来一定时期内一定容量的云端电池的使用权。为了吸引用户使用云储能服务而不是自己投资分布式储能，云储能提供商为用户设定的云储能服务费单价应低于用户自建分布式储能的单位成本的年值。此外，由于云储能服务费单价与用户购买云端电池容量的大小呈负相关关系，云储能提供商需要进行有策略的定价方式以追求利润的最大化。

11. 利润来源

云储能提供商可以充分利用用户的储能使用需求在时间上的互补性，其所投资的储能设施的容量可以显著低于所有用户购买的云端电池容量的加总；而用户购买云端电池容量使用权所缴纳的云储能服务费是云储能提供商的收入，这就给云储能提供商提供了利润空间。虽然云储能提供商实际投资储能容量低于用户购买云端电池容量会导致云储能提供商运行成本增加，即其需要在储能装置电量不足以满足用户放电需求时从电网购买高价的电能以供用户使用，但是这种情况不经常发生，并且这部分增加的运行成本可以被云储能提供商减小容量投资所带来的收益完全覆盖。云储能提供商通过权衡投资成本和运行成本实现总成本最小化。此外，由于云储能提供商可以投资建设集中式的储能设施，因此可利用规模效应降低单位容量投资成本，进一步扩大其利润。

12. 商业模式比较

此外，云储能商业模式和虚拟电厂商业模式有着一些本质的不同之处。第一是概念提出的初衷不同：虚拟电厂要实现对大量的分布式电源的控制，服务于电网；云储能要实现储能资源的共享，服务于用户。第二是功能定位不同：虚拟电厂强调其对外的特性是作为一个电厂，是零售市场中的一个主体；云储能强调其储能设施的本质是满足用户的需求，用户和云储能提供商都是零售市场的主体。第三是盈利模式不同：

虚拟电厂依靠向电网出售电能和辅助服务获利；云储能的收入来源于其向用户收取的云储能服务费。第四是负荷的可控性不同：虚拟电厂中包含一些可控负荷；云储能不试图控制用户负荷。第五是分布式电源依赖性不同：虚拟电厂如果没有内部的分布式电源则无法很好地运行；云储能只要保证零售电价随时间变化即有盈利的可能。

（三）投资与规划

云储能提供商想要为用户提供云储能服务，首先就要确定其所需要投资和建设的储能设施的种类及相应容量。为了解决这一问题，云储能提供商需要进行两方面的工作：一方面是要对用户使用云储能服务的需求进行有效的估计；另一方面是根据所估计出的用户储能需求进行最优化的投资决策。

为了估计用户使用云储能的需求，云储能提供商需要根据用户的历史用电数据推测其最优的储能使用行为。云储能提供商应当考虑云储能服务费用的单价、实时电价及用户使用储能时的各项约束，建立以用户年度综合投资和用电成本最小化为目标的储能优化投资模型。通过该模型云储能提供商能够筛选出那些使用云储能的总成本低于其不使用储能时的总成本的用户，将这类用户作为目标客户。用户充电的时机选择一般与电价波动具有较强的相关性，而其放电时机的选取则在很大程度上取决于用户的负荷，即实际用电需求。用户之间实际用电需求较大的差异性导致了其具有较强的互补性，因此将全部用户的充放电需求加总之后的放电需求最大值低于单个用户放电需求最大值的加总。这一特征为下一步云储能提供商削减投资成本奠定了基础。

云储能提供商所决定投资的储能容量并非是每个用户所需要的储能容量的简单加总，而应当是根据全体用户的放电需求和使用可再生能源充电需求所优化决策出的结果。由于用户的放电需求和使用可再生能源充电需求在优化模型中的位置一致但符号相反，故可将其归并为放电需求，因此云储能提供商的任务就是通过优化的方法找到最优的储能技术组合及相应的容量，使储能系统能够以最小的综合成本去满足用户的放电需求。

对于用户的尖峰放电需求，云储能提供商不必投入对应量的储能设施予以保障，而可以在这种需求出现时通过直接向电网购买高价电能的方式来满足用户的尖峰放电需求，从而进一步节约投资成本，保持较高的储能装置利用率。云储能提供商能够利用多种储能技术为用户提供性价比更高的储能服务，一些功率型的储能技术，如超级电容等，可以用于满足用户放电曲线中波动较为强烈的部分，而一些能量型储能技术，如液流电池等，可以用来支撑用户放电需求曲线中较为平滑的部分。对性能各异的各种储能技术的综合投资使用有助于云储能提供商在满足用户储能使用需求的同时努力降低投资成本。

然而，对用户储能需求的估计与优化储能设施投资决策并非单向的过程，因为储能设施为了满足用户需求而进行的充放电会对其寿命产生一定的影响，而寿命的变化会影响分摊到每年的投资成本，因此储能设施寿命的变化会影响用户所面临的云储能服务费，反过来又会影响用户的决策。

值得强调的是，云储能提供商获取储能设施主要是通过两种途径：一是投资使用集中式的储能设施；二是租赁已有的用户侧分布式的储能资源。投资集中式的储能设施可以充分利用规模效应降低单位投资成本，并且便于云储能提供商在运行中对其进行调度管理。租赁分布式的储能资源可以使得云储能提供商以较小的成本获得一定的储能资源的使用权，在增加了云储能投资与规划灵活性的同时也提高了闲置资源的利用率，提升了社会福利。

（四）服务与定价

云储能提供商的另一个核心任务就是在实时运行中满足用户的储能使用需求，并在此基础上实现运行成本最小化。

在实际运行中，用户和云储能提供商的储能充放电行为都具有较强的时间上的关联性，即只有事先充电，才能在后续某个时间节点放电，这是由储能装置的物理特性所决定的。由于云储能主要是满足用户放电需求，因此云储能提供商实际上不必去盲目地跟随用户使用电网电能向云端电池充电的需求，而是可以选择适当的时机控制储能设施充电。这就需要云储能提供商对于未来的信息，即用户的充放电功率和电价等做出预测，进而采取优化的方式进行决策。此外，还要考虑储能装置相邻时段的电量关系，即当前时段的电量是前一时段的电量经过一个时段的充电或放电的作用结果。另外，通过优化的方法可以实现对不同种类储能设施充放电的协调。各类储能设施具有不同的特性和参数，通过优化的方法可以实现不同储能设施的最优协调。

在运行中，云储能提供商可以采取日前优化的方法根据对于下一日的预测值进行日前决策。它的日前充电和放电计划是基于对于用户需求的预测。云储能提供商根据对于用户需求的预测值通过日前运行优化模型，获得下一日的储能设施充电和放电策略。云储能提供商需要考虑一系列与储能装置相关的约束，如利用储能装置的充放电功率均不应超过其功率容量限值，储能装置的电量既不能低于最小电量也不能高于储能装置容量等。

云储能在运行中需要面对较多的不确定性情况，只有对距离当前时刻较近的时间段进行预测才可以得到相对较好的预测结果。因此为了进一步加强云储能应对不确定性的能力，可以采取更为复杂的决策模式，使云储能提供商利用更多的电价、负荷等预测信息，做出更具有准确性的前瞻性的运行决策。云储能提供商可以基于模型预测控制的理念，采取滚动优化的方法得到实时的控制策略。使用该方法时，云储能提供商结合对于未来 n 个时间段的用户行为的预测、用户当前充放电需求及储能设施当前 t 时段的状态，优化出 $t \sim t+n$ 时间段储能设施的充电和放电策略。但实际上只采用所优化出的 t 时间段的策略操控储能设施并对电网及用户做出反应。在接下来的每一时间段，再次重复上述过程，滚动优化出每个时间段的控制策略。

值得注意的是，在云储能的运行中，需要控制储能设施频繁充放电，这种充放电的模式会引发储能设施的寿命损耗。因此为了更加精确地对云储能的运行建模，还需要对储能设施寿命损耗的非线性模型进行充分考虑。同时考虑储能寿命损耗所分摊的投资成本，还可以将云储能的规划投资与运行建立为一个统一的模型，从而使云储能提供商做出更加合理的决策。

价格机制设计是联系云储能提供商和用户的关键，是云储能模式营利性的根本保证。为了促进云储能模式的快速发展并提升社会福利，云储能的服务定价必须在保证云储能提供商利润的基础上让用户相较于不使用云储能的情形获得一定的收益。云储能服务定价的方法主要可以分为3类，分别是按容量定价、按流量定价和按套餐定价。

按容量定价指云储能为用户设定单位千瓦和单位千瓦时的云储能服务价格，用户按照自己的实际储能需求向云储能提供商购买一定时期内一定容量的云端电池使用权。由于用户在使用云储能之外还有一种潜在的选择就是自己投资建设实体的储能，因此为了吸引用户使用云储能而非投资实体储能，在按容量定价时，云储能单位容量年度服务费应不大于投资实体储能的单位功率容量投资成本年值。为了确定云储能服务费的价格，云储能提供商首先需要得到用户的储能容量需求曲线。云储能提供商可以采用优化的方法对不同的云储能服务价格下用户的最优投资决策进行模拟，进而可以得到用户的云储能需求曲线。根据用户的云储能需求曲线，云储能提供商可以依据其市场竞争集中度的大小，找到定价与销售量的最优点实现利益的最大化。

按流量定价是受到移动互联网模式启发而产生的一种新的定价模式。这种定价方式可以让用户实现"用多少，付多少"的消费模式，云储能提供商依据用户每次向云端电池中存入能量的多少而收取相应的费用。在这种定价模式下，云储能提供商要计算出在不同的储能设施荷电状态和不同的电价下满足用户存储和释放单位电能的需求所产生的成本，进而形成云储能按流量定价的分段或连续价格曲线。值得指出的是，受储能设施容量规模的限制，云储能服务流量定价无法做到"量大价优"，而是会随着使用量的增加，单位流量价格会显著上升。这种定价策略可以抑制用户的非理性的储能使用需求，最终能够保护云储能提供商和用户的共同利益。

云储能服务定价还可以使用按套餐定价的方法。云储能提供商需要挖掘用户的用电行为和储能使用的历史数据，对大量用户的储能使用特点进行梳理和分类。在此基础上，针对每类用户开发不同的云储能服务套餐并给予相应的使用奖励和优惠措施。不同的套餐可以设定不同的云端电池参数，有些套餐可以是"功率型"，有些可以是"能量型"，还有些可以是"平衡型"。在套餐定价中，可以考虑引入"可靠性"，对于需要保证云端电池时刻都可以充放电的用户，其云储能服务费可以设定得比较高，而对于接收在一天中的某些尖峰时刻不能使用云储能服务的用户，其云储能服务费可以设定得比较低。通过利用不同用户对于云储能服务的可靠性要求不同这一特点，可以进一步增加储能设施的利用效率。此外，按套餐定价也可以综合按容量定价和按流量定价的特点，即同一套餐中既包含按容量定价的部分又包含按流量定价的部分。本质上，云储能服务按套餐定价的方法就是一种价格歧视的策略，最大限度地让用户使用云储能，从而使云储能提供商获得利润。

（五）发展与展望

云储能模式是共享经济在用户侧储能领域中的一种探索，未来将会有广阔的应用空间。从物理角度来讲，云储能可以在一定程度上将已有的或潜在的分布式储能集中并形成一些具有一定规模的储能电站。云储能的出现还将促进用户侧分布式可再生能源的投资并网与就地消纳。此外，储能设施布置位置与用户对储能资源的调用也会改变原有的电网潮流分布。

云储能理论与方法的研究是一个新的领域，涉及内容广泛，而研究工作所涵盖的范围较为有限。因此，云储能领域的一些重要问题还需要后续的研究来解决。

1. 用分布式储能资源提供云储能服务

云储能的储能实体可以是集中式的储能设施，也可以是分布式的储能资源，研究侧重于如何利用集中式的储能设施提供云储能服务，对聚合利用分布式的储能资源涉及较少。未来可以对使用分布式的资源提供云储能服务进行进一步的研究与探讨。

2. 包含大规模云储能的未来电力系统形态

云储能可能成为未来电力系统应用储能的重要形式，云储能的服务需要输配电网提供能量传输支撑，研究尚处于提出云储能的理念、模式与方法的阶段。因此，需要研究包含大规模云储能的未来电力系统形态，具体包括包含云储能设备的输配电网结构、云储能大规模接入下输配电网的潮流特征，以及由此产生的新的电力系统运行方式、市场机制和定价策略及计算方式等问题。

3. 多能源系统中的云储能

能源互联网的发展大背景下，多能源系统的联合规划运行的重要性日益凸显，未来的云储能也许不再局限于电能的云端存储，可能会涉及储热、储气、储氢等领域，与之相关的理论与方法也需要后续进一步地研究与探索。

此外，云储能的研究还涉及考虑不同管制规则、考虑多市场主体博弈、考虑对电网可靠性造成的影响等诸多方面，这些领域也有待于未来的研究和探索。

值得指出的是，云储能模式顺利推向工程实际的应用还需要其他技术和产业政策两方面的支撑。用户、云储能提供商与电网三者之间实时准确的通信是云储能商业模式得以实施的关键，因此云储能有赖于先进信息通信技术提供信息流动的载体。此外，储能技术本身的突破也将会为云储能模式的发展起到促进作用，在一定范围内的储能单位成本的降低将有助于云储能模式产生更大的社会福利改善。在产业政策方面，随时间而波动的电价是云储能得以开展的基础，因此需要有实时电价或峰谷电价等电价机制的支持。在云储能实施和推广的初期，用户未必会很好地理解与接受将储能放在"云端"的理念，因此也需要制定相关的政策对其进行宣传与教育。

四、电力物联网

（一）背景

在国家电网公司2019年初发布的1号文件中，构建"三型两网、世界一流"的能源互联网被排在年度重点工作首位，即由承载电力流的坚强智能电网与承载数据流的泛在电力物联网共同构成能源流、业务流、数据流"三流合一"的能源互联网。智能电网以特高压为骨干网架，各级电网协调发展，不断提升能源资源配置能力和智能化水平；同时，充分应用"大、云、物、移、智"（大数据、云计算、物联网、移动互联网、人工智能）等现代通信技术，打造状态全面感知、信息高效处理、应用便捷灵活的泛在电力物联网。电力物联网则侧重于电力需求供给侧，旨在利用先进的信息通信技术，更好地满足用户对能源的多种需求。

（二）结构

电力物联网从宏观角度，是指将各类终端设备、物品与互联网连接，进行信息交换和通信，以实现智能化识别、定位、跟踪、监控和管理的一种网络形式。在"泛在电力物联网"中，专指电网内部的"网络"连接，融合了电网公司各部门的日常工作，如数据采集、设备检修、值守巡检等。围绕电力系统各环节、各部门，在移动互联网、人工智能等通信技术的加持下，构建的具备全面感知、高效应变、灵活处理的智慧服务系统。从架构上讲，电力物联网包括感知层、网络层、平台层、应用层4层结构[6]。这4层结构分别指向4类问题或需求。

1. 感知层

感知层利用包括传感器、信号采集设备等在内的各种手段，采集物体的状态，如温度、湿度、电流、设备运行状态等，同时还可以将上层发来的指令传递给设备执行机构，做出指定的动作。感知层主要解决数据采集问题，负责感知外界信息和响应上层指令，是这4层结构的基础，通过各类终端完成数据的统一标准化接入。

基于泛在电力物联网的架构，终端厂商可统一信息采集硬件的规范，标准化感知设备的接入，将通用功能通过软件完成（如通信数据处理、数据计算、对接信息采集接口等），以结构化数据和半结构化数据传递信息，打通此前因信息采集设备的不同而造成的兼容性问题，实现自源端的通信、计算等资源共享，遵循"硬件平台化，软件APP化"的发展趋势，实现全连接覆盖。

对于感知层建设的几个要求，首先便是"实现终端标准化统一接入"。物联网操作系统和一般操作系统的不同之处在于需要满足轻量级、低功耗、快速启动等特性，并同时具备多传感协同、多处理器架构、统一应用开发平台、支持长短距连接等特点。

目前为止，感知层仍面临现场设备终端种类众多、新旧数据模板迁移难度巨大、终端操作系统不统一等问题，无法在到达平台层之前，将终端提供的数据和信息进行区域化整合和边缘计算处理。

因此，感知层的信息化系统建设仍有很大的发展空间和前景，尤其是将旧系统的采集数据（如 Excel 模板、ERP 系统中）迁移至新系统，完成感知层、平台层之间的数据传输时，需要将数据文件编码成结构化数据和半结构化数据（如 JSON、XML 等格式），编码和解码的规范将会成为通信、计算等资源能否共享的关键。

利用市面上成熟的开发工具，如纯前端表格控件 SpreadJS 的"在线 Excel"特性，便可以很好地解决数据共享和兼容性问题。

使用 SpreadJS，可将原有系统数据（或 Excel 模板）转换为 JSON 格式，直接导入新系统中，不仅解决了原模板不统一、用料数据不一致、文件难以管理的问题，还最大限度地保留了 Excel 公式、图表，以及数据填报能力，同时所有报告的数据和模板都可以在后台进行有效的管理和存储。

2. 网络层

网络层的作用是通过现有的互联网、移动通信网、卫星通信网等基础网络设施，对来自感知层的信息进行接入和传输。在物联网系统中，网络层接驳感知层和平台层，具有强大的纽带作用。

3. 平台层

简单来说，这是一个信息汇总和碰撞的地方，汇总就要彼此相通，做到数据打通、标准打通，此外还要解决数据存储、检索、权限管理等问题。从国家电网有限公司对平台层的建设要求看，未来泛在电力物联网平台将会和目前大型的互联网公司一样采用大中台结构。因此，数据中心（或数据中台等）是平台层的最大特点。

平台层依托于超大规模的终端统一物联管理，深化全业务统一数据中心建设，挖掘海量数据采集价值，提升数据高效处理和云雾协同能力。平台层的建设，将为后续工作提供强大的基础支撑，会对产生丰富的应用提供强大动力。

4. 应用层

应用层是泛在电力物联网的用户接口，位于架构的最顶端，既面向公司内的业务，也面向公司外的应用，内外兼修，提供优质服务。

应用层接收平台层传来的信息，并对信息进行处理和决策，再通过平台层和网络层向下发送信息以控制感知层的设备终端。应用层分为面向内部对象的业务和外部对象的业务，对于外部对象的业务，又细分为很多产品，不同的产品实现不同的功能。因此，应用层的特点为"依托企业中台，共享平台服务能力，支撑各类应用快速构建"。对内，可以提升客户服务水平，提升企业经营绩效，提升电网安全经济运行水平，促进清洁能源消纳；对外，可以打造智慧能源综合服务平台，构建能源生态体系，培育发展新兴业务[7]。

第四节 电力系统新的技术基础

一、传统电力系统的技术基础

传统电力系统的技术基础包括电路的基本概念、定律、基本分析方法与计算，动态电路分析，正弦电路的稳态分析与计算，互感与变压器，双口网络等内容。

（一）电路的基本概念

电路是由金属导线和电气及电子部件组成的导电回路。最简单的电路由电源负载和导线、开关等元件组成，按一定方式连接起来，为电荷流通提供了路径。

（二）电路分析有关的基本定律

欧姆定律是电子技术中的一个最基本的定律，它反映了电路中电阻、电流和电压之间的关系。欧姆定律分为部分电路欧姆定律和全电路欧姆定律。

1. 部分电路欧姆定律

部分电路欧姆定律的内容：在电路中，流过导体的电流 I 的大小与导体两端的电压 U 成正比，与导体的电阻 R 成反比，即

$$I=\frac{U}{R}。 \quad\quad (1-11)$$

2. 全电路欧姆定律

全电路是指含有电源和负载的闭合回路。全电路欧姆定律又称闭合电路欧姆定律，其内容：闭合电路中的电流与电源的电动势成正比，与电路的内外电阻之和成反比。

根据全电路欧姆定律不难看出：

① 在电源未接负载时，不管电源内阻多大，内阻消耗的电压始终为0，电源两端的电压与电动势相等。

② 当电源与负载构成闭合电路后，由于有电流流过内阻，内阻会消耗电压，从而使电源输出电压降低，内阻越大，内阻消耗的电压越大，电源输出电压越低。

③ 在电源内阻不变的情况下，如果外阻越小，电路中的电流越大，内阻消耗的电压也越大，电源输出电压也会降低。由于正常电源的内阻很小，内阻消耗的电压很低，故一般情况下可认为电源的输出电压与电源电动势相等。

3. 电功、电功率和焦耳定律

（1）电功

电流流过灯泡，灯泡会发光；电流流过电炉丝，电炉丝会发热；电流流过电动机，电动机会运转。由此可以看出，电流流过一些用电设备时是会做功的，电流做的功称为电功。用电设备做功的大小不但与加到用电设备两端的电压及流过的电流有关，还与通电时间的长短有关。电

功可用下面的公式计算：
$$W = UIt \quad (1-12)$$
式中，W 表示电功，单位为 J；U 表示电压，单位为 V；I 表示电流，单位为 A；t 表示时间，单位为 s。

电功的单位为 J，在电学中还常用到另一个单位：千瓦时（kW·h），俗称为度。1 kW·h=1 度，kW·h 与 J 的关系是 1 kW·h=$3.6×10^6$ J。1 kW·h 可以这样理解：一个电功率为 100 W 的灯泡连续使用 10 h，消耗的电功为 1 kW·h（即消耗 1 度电）。

（2）电功率

电流需要通过一些用电设备才能做功，为了衡量这些设备做功能力的大小，引入一个电功率的概念。电流单位时间做的功称为电功率。电功率常用 P 表示，单位为 W，此外还有 kW 和 MW，它们之间的关系是 1 kW=10^3 W，1 MW=10^6 W。

电功率的计算公式为
$$P = UI \quad (1-13)$$
将欧姆定律代入，所以电功率还可以用公式
$$P = I^2 R, \quad (1-14)$$
$$P = U^2/R \quad (1-15)$$
来求解。

（3）焦耳定律

电流流过导体时导体会发热，这种现象称为电流的热效应。电热锅、电饭煲和电热水器等都是利用电流的热效应来工作的。

英国物理学家焦耳通过实验发现：电流流过导体，导体发出的热量与导体流过的电流、导体的电阻和通电的时间有关。这个关系用公式表示为
$$Q = I^2 Rt \quad (1-16)$$
式中，Q 表示热量，单位为 J；R 表示电阻，单位为 Ω；t 表示时间，单位为 s。

焦耳定律说明：电流流过导体产生的热量，与电流的二次方及导体的电阻成正比，与通电时间也成正比。

4. 电阻的串联、并联与混联

电阻的连接有串联、并联和混联 3 种方式。

（1）电阻的串联

两个或两个以上的电阻头尾相连接在电路中，称为电阻的串联。

$$R_{总} = \sum R 。 \qquad (1-17)$$

（2）电阻的并联

两个或两个以上的电阻头尾相并接在电路中，称为电阻的并联。

$$R_{总} = \frac{1}{\sum \frac{1}{R}} 。 \qquad (1-18)$$

（3）电阻的混联

一个电路中的电阻既有串联又有并联时，称为电阻的混联。

5. 基尔霍夫电流定律

基尔霍夫电流定律也称节点电流定律（KCL）。基尔霍夫电流定律表明：电路中任意一个节点上，在任意一个时刻，流入节点的电流之和等于流出节点的电流之和。

对于闭合回路的任意节点：

$$\sum I_{入} = \sum I_{出} 。 \qquad (1-19)$$

6. 基尔霍夫电压定律

基尔霍夫电压定律也称回路电压定律（KVL）。基尔霍夫电压定律表明：沿着闭合回路所有元件两端的电势差（电压）的代数和等于零，或者描述为沿着闭合回路所有电动势的代数和等于所有电压降的代数和。

对于任意闭合回路：

$$\sum V = 0 。 \qquad (1-20)$$

（三）正弦电路的稳态分析与计算

正弦稳态指的是不变动态电路在角频率为 ω 的正弦电压源或电流源激励下，随着时间的增长，当暂态响应消失，只剩下正弦稳态响应，电路中全部电压、电流都是角频率为 ω 的正弦波，满足这类条件的动态电路通常称为正弦电流电路或正弦稳态电路。

1. 相量法

分析正弦稳态的有效方法是相量法，相量法的基础是用一个称为相量的向量或复数来表示正弦电压和电流。

用相量法求解电路正弦稳态响应的方法和步骤如下：

① 画出电路的相量模型，用相量形式的 KCL、KVL 直接列出电路的复数代数方程。

② 求解复数代数方程得到所求的各个电压和电流的相量表达式。

③ 根据所得到的各个相量，写出相应的电压和电流的瞬时值表达式。

2. 节点电压法

以节点电压相量为求解变量列方程求解，列方程的方法同电阻电路，不同的是要利用自电导、互电导和电压相量。

3. 回路电流法

回路电流法是以一组独立回路电流作为变量列写电路方程求解电路变量的方法。回路电流法对平面和非平面网络均适用。

4. 电源变换及戴维南定理的应用

一个电压源与一个阻抗串联的电路可以等效为一个电流源与一个阻抗并联的电路。含源二端网络的等效电路为戴维南等效电路，即等效为开路电压为 U 的电压源和等效阻抗 Z 串联，也可以等效为短路电流为 I 的电流源和等效阻抗 Z 并联，即为诺顿等效电路。

5. 相量图法

相量图法是通过做电流、电压的相量图，结合回路电流法等其他分析方法求得未知相量。画相量图时要选择参考相量，令该相量的初相为零。通常，对于串联电路选电流相量作为参考相量，对于并联电路，选电压相量作为参考相量。从参考相量出发，利用元件电压与电流关系，即 KVL、KCL，确定有关电流与电压间的相量关系，定性画出相量图，利用相量图表示的几何关系，求得所需的电流、电压相量。

6. 正弦稳态的叠加

在电路中，若各激励源的频率不同，只能用叠加法来求。要分别做出各个频率电源作用时对应的相量模型，求出对应的相量，再写出瞬时值，将瞬时值叠加。

激励为非正弦周期信号 $f(t)$ 时可以将其表示为傅立叶级数，然后利用叠加定理求响应。

（四）谐振电路

含有电阻（R）、电感（L）和电容（C）元件而不含独立电源的二端网络的性质可分为阻性、感性、容性 3 种。含电容和电感的二端网络，一般情况下不会呈电阻性，但在某一电源频率上，出现端口电压和电流相位相同的情况时，即二端网络表现为电阻性的现象，称谐振现象。此时的频率称为谐振频率，又称为电路的固有频率，它是由网络的结构和电容、电感的参数决定的。固有频率的公式为

$$\omega = \frac{1}{\sqrt{LC}} 。 \qquad (1-21)$$

式中，ω 是谐振频率，L 是电感，C 是电容。

RLC 串联及并联电路是两种典型的谐振电路。

（五）功率

正弦稳态下负载的瞬时功率：

$$\begin{aligned} p(t) &= u(t)i(t) = U_m\cos(\omega t+\psi_u)I_m\cos(\omega t+\psi_i) \\ &= UI\cos\varphi + UI(2\omega t+2\psi_u-\varphi) 。 \end{aligned} \qquad (1-22)$$

平均功率：

$$P = \frac{1}{T}\int_0^T p(t)\,\mathrm{d}t = \frac{1}{T}\int_0^T [UI\cos\varphi - UI\cos(2\omega t+\psi_u+\psi_i)]\,\mathrm{d}t 。$$

$$(1-23)$$

由此式可以看出，正弦稳态的平均功率不仅与电压、电流有效值乘积 UI 有关，还与电压、电流的相位差有关，式中的因子 $\cos\varphi$ 称为功率因数。平均功率是一个重要的概念，得到了广泛使用，通常

说某个家用电器消耗多少瓦的功率,就是指它的平均功率,简称为功率。

(六)互感现象

在实际生产与生活中大多电气设备均为感性负载,它们的功率因数都比较低,这样不能充分利用电源设备的容量,因此需要提高功率因数时常用的方法是在感性负载两端并联电容器。当一个线圈中的电流发生变化时,在临近的另一个线圈中产生感应电动势,叫作互感现象。互感现象是一种常见的电磁感应现象,不仅发生于绕在同一个铁芯上的两个线圈之间,而且也可以发生于任何两个相互靠近的电路之间。无论在何处,只要存在两个电流回路,就会有互感。一个回路的电流产生的磁场会影响第二个回路,两个回路相互作用的系数随距离的增加快速地减小。两个回路之间相互作用的系数称为它们的互感,单位是亨利(H),或伏特·秒/安培(V·s/A)。两个电路之间的互感耦合相当于一个连接在电路 A 和电路 B 之间的微小变压器。无论何处,对于两个相邻电流回路的相互作用,可以看成是一个变压器的一次侧和二次侧,从而得到互感。

互感现象在电子和电子技术中应用很广,通过互感,可以使能量或信号由一个线圈传递到另外一个线圈。例如,变压器就是应用两个线圈间存在互感耦合制成的,实验室中常用的感应圈也是利用互感现象获得高压的。有时互感现象也有不利影响,此时应该采取措施消除。例如,在电子仪器中,把易产生互感耦合的元件采取远离、调整方位或磁屏蔽等方法来避免元件间的互感影响。变压器是互感现象最典型的应用,它由一次侧线圈 N_1、二次侧线圈 N_2 和铁芯组成。它可以起到升高电压或降低电压的作用,还可以把交变信号由一个电路传递到另一个电路。

(七)二端口网络

端口数 n 等于 2 的多端网络称为二端口网络,又称双口网络。两个端口中,接电源的端口称为入口,接负载的端口称为出口。端口上的电压 V_1、V_2 和电流 I_1、I_2 分别称为端口电压和端口电流,又统称为端口变量。二端口网络有无源和有源、线性和非线性、时不变和时变之分，它既可能是一个异常复杂的网络，也可能是相当简单的网络。变压器、放大器等的电路模型都可归结为双口网络。表达 4 个端口变量之间关系的方程称为二端口网络方程。同一个二端口网络可以有 6 组不同形式的方程。其矩阵形式与多端网络的约束关系类似。6 组方程右端变量前的 4 个系数称为二端口网络的参数，共 6 组，分别称为短路导纳参数、开路阻抗参数、第一类混合参数、第二类混合参数、传输参数和反向传输参数。6 组参数都可用来表征二端口网络。对于一个网络究竟选用哪一组参数，视具体情况而定。

电子电路中会经常遇到二端口网络的相互连接，它们之间的连接有 5 种方式，分别为串联、并联、串－并联、并－串联和级联。这样连接而成的网络仍为二端口网络。例如，电力系统中用于模拟远距离输电线的链型电路就是一些二端口网络级联而成的。

二、新型电力系统的技术基础

电网技术特性正发生质的变化，主要表现在 3 个方面：

一是转动惯量。传统电网规模扩大时，系统转动惯量会相应增大，两者基本成正比关系；而新型电力系统的情况却相反，太阳能发电不存在转动惯量，装机容量越大，传统发电机被替代数量越多，系统的转动惯量则变得越小。二是电网形态。传统电网是以交流同步发电机主导的交流电网，新型电力系统则是拥有高比例变流器的交直流混联电网。三是电源出力。传统电源出力基本稳定可控，新能源出力则具有波动性和间歇性。这些技术特性的变化，给新型电力系统的安全稳定性带来严峻挑战。

智能电网的技术框架，是综合应用现代通信、计算机、控制等技术的电网，能够持续不断地适应各种正常操作、运行方式调整的优化运行，并能主动预测和应对电网扰动。将电力与通信和计算机控制连接在一起，以获取在供电可靠性、传输容量和客户服务等方面的巨大效益。

在这个完全自动化的供电网络中,每一个用户和节点都得到了实时的监控,并保证了从发电厂到用户端电器之间的每一个点上的电流和信息的双向流动。

智能电网具有三大特征:一是数字化程度更高,内含各种智能的传感器、电力设备、控制系统、应用系统等,连接更多的设备;二是基于一个统一的信息平台,能够自动完成数据和应用的整合;三是基于商业智能分析系统之上,具有辅助决策支持的数据分析能力,即依据已有的电网运行数据进行相关分析,来优化运行和管理。通俗地说,智能电网就是通过智能传感器把各种设备、资产连接到一起,形成一个统一的客户服务集成系统,从而对信息进行挖掘、整合、分析,以此来降低成本,提高效率,提高整个电网的可靠性,使运行和管理达到最优化,从而让管理者非常清楚地了解网络运行状况,智能而优化地管理电力网络。

智能电网的构建将有赖于多项基础技术的发展、推广和应用,这些基础技术可以归纳成4个方面:电力设备、量测与通信设备、信息管理系统、决策与控制理论[8]。

(一)电力设备

智能电网应具有灵活而坚强的拓扑,因此需要研究更为先进的电力设备,主要包括电源和储能技术、输配电技术、电力电子技术、高效能源材料技术四大类。

1. 电源和储能技术

目前,世界各国的能源结构均在调整中,以求提高能源利用效率,避免由于化石能源的大量消耗造成严重的环境污染。今后电源技术将集中于核能、风能、太阳能、生物质能、氢能、燃料电池等清洁能源技术,以及洁净煤燃烧、高参数超超临界机组、超临界大型循环流化床、多联产系统、超级电容器、飞轮储能等技术方面。

2. 输配电技术

在电网网架建设中,既要发展大容量、远距离、低损耗输电技术,也要研究分布式供能技术以缓解输电网压力。输配电技术主要集中于特高压交直流输电、特高压绝缘、高温超导、微型电网等方面。

3. 电力电子技术

主要包括耐高压大电流电力电子器件、轻型直流输电，以及同态变压器、同态断路器、统一潮流控制器、静止无功补偿器、可控串联补偿装置、有源滤波器、动态电压恢复器、静止同步补偿器等柔性交流输电系统装置。

4. 高效能源材料技术

主要包括太阳能电池相关材料、燃料电池关键材料、高容量储氢材料、高效二次电池材料、超导关键材料及制备技术、高效能量转换等。

（二）量测与通信设备

量测设备和通信设备相辅相成，共同为系统运行、保护及设备监测和维修提供依据；两者既可能相互独立，也可能集成为一体。前者侧重于实时、准确地测量和就地处理各种电气量和非电气量，后者侧重于实现高速、大容量的实时动态信息交互。

量测系统包括三部分：

① 需求侧量测，主要具有家电控制、电能质量分析、防偷电、功率和用电量测量、实时电价处理、成本控制、自备电源监测等功能；

② 电网侧量测，主要具有同步相位测量、广域测量、动态设备监测、系统安全稳定监测等功能；

③ 发电侧量测，主要用于监测发电厂的出力、设备状态、履约状况、煤耗和排放等。

通信系统的研究主要包括四方面：

① 通信方式的多样化，合理使用互联网、光纤、卫星、无线、传感器网络等通信方式；

② 精确的数据对时和同步能力；

③ 重视电磁兼容，降低对外部的辐射和电磁干扰；

④ 提高抵御外部通信干扰的能力。

（三）信息管理系统

智能电网中的信息管理系统应主要包括信息采集与处理、信息分析、信息集成、信息显示、信息安全5个功能。

① 信息采集与处理。主要包括详尽的实时数据采集系统、分布式的数据采集和处理服务、智能电子设备资源的动态共享、大容量高速存取、冗余备用、精确数据对时等。

② 信息分析。对经过采集、处理和集成后的信息进行业务分析，是开展电网相关业务的重要辅助工具。纵向包括"发电—输电—配电—需求侧"四级产业链业务分析和"国家—大区—省级—地县"四级电网信息分析。横向包括发电计划、停电管理、资产管理、维护管理、生产优化、风险管理、市场运作、负荷管理、客户关系管理、财务管理、人力资源管理等业务模块分析。

③ 信息集成。智能电网的信息系统在纵向上要实现产业链信息集成和电网信息集成，横向上要实现各级电网企业内部业务的信息集成。为此有必要借鉴或利用面向服务架构、IEC 61850、IEC 61968、IEC 61970等系统架构或标准，开发高效标准化的信息集成系统。

④ 信息显示。为各类型用户提供个性化的可视化界面，需要合理运用平面显示、三维动画、语音识别、触摸屏、地理信息系统（GIS）等视频和音频技术。

⑤ 信息安全。智能电网必须明确各利益主体的保密程度和权限，并保护其资料和经济利益。因此，必须研究复杂大系统下的网络生存、主动实时防护、安全存储、网络病毒防范、恶意攻击防范、网络信任体系与新的密码等技术。

（四）决策与控制理论

实施智能电网后，电网决策与控制的实时性、易用性、互操作性将大大提高，因此对以下几方面技术提出了新的要求：①快速负荷和气象预测技术；②快速安全稳定计算方法、判据和控制策略；③高性能计算方法和设备，如并行计算、云计算、海量存储、系统容错等；④快速仿真和建模；⑤超短期潮流分析；⑥故障定位；⑦合理应用新型人工智能技术，如分散式智能代理、智能感知、自组织网络、虚拟现实等技术；⑧开发个性化人机交互界面及其内核技术，融合多媒体、计算机图形学、数据库设计、实时分布系统、生物特征识别技术等；⑨针对电网智能化开展电力规划的研究。

第五节　电力系统新的运行特性

一、传统电力系统的运行特性

传统电力系统电网的运行包括能量管理、调度与控制，主要指稳态调控，一直是延续水电、火电、核电混合并网的模式，集中管理与调控。在这一模式下，电网潮流分布逻辑清晰，发电、输电、配电及用电固有划分明确。传统电力系统运行调控方法有以下 3 种。

（一）小型电力系统集中式调控

在电力系统发展的初期，即 20 世纪 20—30 年代，电力系统规模较小，主要以火电、水电并网为主。虽然国内外的电力系统已经开始建立各级电网调度中心，分级对电力系统实施集中管理，但缺乏实时电网数据采集系统，通信技术等手段也比较薄弱，因而电网调度中心的调度员无法实时、全方位地获得电网的潮流信息及其变化情况，只能通过固定的系统模拟盘，依靠电话与所属的火电厂、水电站及变电站进行通信，以获得电网的运行情况，离线制定电网的经济调度策略。

到了 20 世纪 40 年代，伴随经济的发展，电力系统规模逐步增大，发输配用分级管理的格局基本形成。由此，在每个调度中心可以对所管辖的电网实施调度或控制，并出现了计及网络损耗的经济调度方法。与此同时，数据终端采集设备、数据通信技术得到了快速发展，调度中心与下属的发电厂、变电站能够实现数据采集联网，即远动 SCADA（Supervisory Control and Data Acquisition）系统已经形成，系统的遥测、遥信数据能够以较快的速度采集并上传至电网调度中心。因此，在调度中心调度员能够全面地看到整个电力系统的运行状况，极大地增强了对电网的管理。但由于计算机技术比较落后，没有大量应用于电力系统，对SCADA系统采集的实时数据无法在线分析和决策，因此对电网的调度和控制仍只能离线进行。

（二）中型电力系统分层、分级集中式调控

进入20世纪50—60年代，经济得到了快速发展，随着中大型火电厂、水电站的不断出现，以及输电线路的不断建设，各级电网调度中心所管辖的电网范围进一步增大。在这期间，自动化技术、计算机技术得到高速发展和应用，计算机已经逐步应用到电力系统各个调度中心，能够对电网节点导纳矩阵、潮流计算、优化调度、自动发电控制等展开计算，出现了对外部电网实施等值简化的Ward和REI方法，由此进一步促进了电力系统调度和控制理论的发展。例如，1951年Kron提出了电网损耗计算模型并应用至经济调度中；Kirchmayer等在1951年提出了以协调方程为核心的扩展等耗量微增率准则，进一步将经济调度的研究推向高潮；为了实现无功优化，1962年Carpentier将数学优化概念引入到潮流计算中，提出了最优潮流理论；在此基础上，1968年Wells等提出了简化梯度方法，用于求解最优潮流。随后，关于最优潮流求解方法的研究日趋进入高潮，在收敛性、计算速度等方面出现了许多改进算法，进一步推动了电网调控理论的发展。

（三）大型电力系统分层、分级集中式调控

20世纪70年代至21世纪初，电力系统的建设进入高速发展期，随着500 kV和更高电压等级输电线路的建成，大型火电站和水电站的电能能够远距离传输，电力系统规模日益增大，互联电网逐渐形成。同时，随着计算机技术水平的提高及在电力系统中的应用，使模拟技术转变为数字技术。SCADA、PMU（Phasor Measurement Unit）等测量手段日益丰富，使电网数据采集、状态估计、网络安全分析、潮流计算、调度、控制等

均可由计算机实现,电力系统能量管理系统日益完善。发电、输电、配电、用电逻辑清晰的格局日趋完善,大区、省、市、县各级调度中心按照此格局,对外部电网实施等值简化,对所属区域的电力系统实施集中的管理和调控。

在各时间级负荷预测技术的协调下,电力系统调控方法逐渐由静态发展为动态。

在动态经济调度方面。静态优化调度存在以下问题:

① 静态优化调度方法没有考虑负荷未来的变化趋势,特别在负荷峰谷位置对当前调度方案的影响,所以可能导致发电机丧失调节能力、损坏热力设备、引起锅炉燃烧事故,从而给调度运行人员带来潮流无法调节的情况;

② 在火电、水电、核电共存的电力系统中,电力系统运行方式的改变都将导致一系列辅助设备的调整或启停,这些设备的调整或启停都需要一定的时间和次数限制,且辅助设备所处的状态也有最小时间限制,因此在经济调度中考虑设备的状态是必需的;

③ 机组组合是电力系统日前经济调度计划的基础,基于一定响应风险指标来确定旋转备用的合理分配是日调度计划中不可忽视的内容,二者相互协调,属于动态经济调度的范畴。

由此,研究动态经济调度具有重要的理论意义,更贴近实际,引起了国内外研究者的重视。例如,1971 年,Stadlin 在静态优化调度模型的基础上加入了顾及未来负荷变化所要求的发电机动态约束条件,虽然模型仍属于静态,但已初步显现了动态经济调度的基本思想;1972 年,Bechart 等在考虑发电机、锅炉、汽轮机输出功率变化速率约束的基础上,给出了经济调度与机炉电相协调的思想;1980 年,Ross 等提出了在超短期负荷预报基础上的动态经济发电分配模型,该模型显示了将未来发电计划和负荷变化相协调的某一时间范围内的整体动态优化的基本想法,加强了经济调度的前瞻能力。针对动态经济调度算法复杂、收敛时间慢的缺点,国内外专家学者对模型和求解方法不断进行改进,至今仍未有相关算法出现。

在动态最优潮流方面。传统静态最优潮流也是只考虑一个时间断面上有功、无功的联合优化，而忽略了各时间断面之间的内在联系，因而具有明显的局限性，于是国内外研究者相继展开了关于动态最优潮流的研究。例如，1997年，有文献通过对动态优化潮流进行最初的研究，将有功功率和无功功率进行协调优化，并计及了发电机有功功率和无功功率、节点电压等约束条件，将整个优化周期划分为若干个时段，采用前瞻后顾法对每一个时段进行求解；到了2001年，Xie等通过对潮流方程的精确推导，首次提出了动态最优潮流的概念。2000年，Nejdawi等对动态最优潮流进行了研究，分别将其称为多时段联合最优潮流和考虑时间约束关系的非线性最优潮流。在此基础上，有文献提出了以整个调度时段所有火电机组燃料费用的总和最小为目标的动态最优潮流模型；还有文献提出了以发电量收益最大为目标函数的动态最优潮流模型。对于一个大型的电力系统来说，最优潮流问题本身就是一个非常复杂的非线性规划问题，若再加上与时间相关的约束及新决策变量，动态最优潮流问题在数学上就成了一个超大型的优化问题，虽然其中的变量大多是连续的，但约束中既有等式约束，也有不等式约束，因此求解难度非常大，引起了许多研究者的关注，并出现了诸如广义Benders分解法、内点法和人工智能法等许多优秀的求解方法，并且对于该问题的研究仍在继续。

在动态自动发电控制方面。常规的自动发电控制策略主要是确定区域电网总调节功率的控制策略及指令分配策略。由于电力系统的动态变化特性，使常规的控制策略无法应对前瞻性，由此使自动发电控制的动态优化策略应运而生，出现了许多具有借鉴意义的成果。首先在自动发电控制的动态优化策略方面进行了探索，以互联电网性能评价标准为目标，以系统功率平衡约束和机组调节能力为动态约束条件，使用内点法求解未来一段时间内最优的自动发电控制调节指令结合；在此基础上，加入了未来1分钟内频率的动态预测结果作为约束条件，从而形成了考虑未来频率变化对自动发电控制机组指令的动态影响；有文献提出了以机组调节指令为目标的动态自动发电控制模型，使用粒子群算法对该动态模型进行求解，通过与传统 PID 控制策略相比较，证明了动态优化策略较传统静态策略的优越性；动态自动发电控制的粒子群算法，与传统静态模型进行比较，验证了动态优化策略的良好效果。

在经济调度、最优潮流与自动发电控制相结合方面。进入 20 世纪 90 年代，电力系统出现了不同时间级相互协调的理念，在各时间级负荷预测技术的引导下，将电力系统的调控理论推向了经济调度、最优潮流和自动发电控制相协调的发展方向。然而，由于遥测、遥信信息的采集时间和精度问题，以及目前电网状态估计的适应性不够强，获得系统全面、实时、精确的运行状态还存在一定的难度，该研究仍处于探索阶段；最优潮流与自动发电控制相结合，在传统最优潮流的基础上，考虑了发电机和负荷的静态频率特性，增加了机组爬坡速率约束、频率质量约束及互联电网断面约束，从而扩展了最优潮流的范围，将发电计划延伸至发电控制层面，实现了超前控制；在实时安全约束调度的基础上与自动发电控制相结合，构成了一个闭环控制系统，实现了电力系统安全稳定越限的校正控制；将经济调度与自动发电控制相结合的预防控制和校正控制方法，实现了不同时间级的相互协调。随着卡尔曼滤波、贝尔曼动态最优性原理在电网中的引入和应用，出现了状态估计、动态状态估计及动态预估技术，使电网能量管理系统能够准确、全面地掌握系统实际运行状况，预测和分析电力系统运行趋势，对运行发生的各种问题提供判断和下一步决策，加强了电网调控之间的联系，使预防和校正控制得以统一，进一步将电力系统调控理论的研究推向新高度，造就了传统电网能量管理系统的鼎盛时期。

二、新型电力系统的运行特性

（一）核心要求与基本发展定位

清洁低碳、安全高效是新型电力系统的核心要求，也是未来以新能源为主体的新型电力系统的基本发展定位。

1. 清洁低碳是新型电力系统的核心目标

新型电力系统应是适应大规模高比例新能源发展的全面低碳化电力系统。"十三五"以来,我国新能源装机占比已从11%提升到22%以上,发电量占比已从5%提升到10%左右。为实现"碳达峰""碳中和"目标,我国新能源将进一步跨越式发展,继续以数倍于用电负荷增长的速度新增并网。初步测算,"十四五"期间全国年均新增并网装机有望达到1亿kW以上,到2030年前后新能源装机占比有望达到50%,将成为电力系统的主体电源。电力系统作为能源转型的中心环节,将承担着更加迫切和繁重的清洁低碳转型任务,仅依靠传统的电源侧和电网侧调节手段,已经难以满足新能源持续大规模并网消纳的需求。新型电力系统亟须激发负荷侧和新型储能技术等潜力,形成源网荷储协同消纳新能源的格局,适应大规模高比例新能源的开发利用需求。

2. 安全是新型电力系统的底线要求

新型电力系统应是充分保障能源安全和社会发展的高度安全性电力系统。当前我国多区域交直流混联的大电网结构日趋复杂,间歇性、波动性新能源发电接入电网规模快速扩大,新型电力电子设备应用比例大幅提升,极大地改变了传统电力系统的运行规律和特性,在特殊情况下容易出现电力安全供应问题。例如,2021年2月20日,美国得州由于遭遇寒潮风暴,宣布进入"重大灾难状态"。2021年12月至2022年2月,我国湖南、江西等地区出现极端严寒天气,导致短期内用电负荷快速增长,在各类电源与大电网均无法提供有效支撑的情况下,出现了较大范围的电力供应不足问题。此外,随着电力系统物理和信息层面互联程度的提升,人为外力破坏或通过信息攻击手段引发电网大面积停电事故等非传统电力安全风险也在增加。新型电力系统必须在理论分析、控制方法、调节手段等方面创新发展,应对日益加大的各类安全风险和挑战。

3. 高效是新型电力系统的重要特征

新型电力系统应是符合未来灵活开放式电力市场体系的高效率电力系统。目前我国电力系统在高效运行方面仍存在较大短板,单位GDP能耗是主要发达国家的2倍以上,电力设备利用率为主要发达国家的80%

左右，源网荷脱节问题较为严重。未来电力系统应充分市场化转型，形成以中长期市场为主体、现货市场为补充，涵盖电能量、辅助服务、发电权、输电权和容量补偿等多交易品种的市场体系，充分调动系统灵活性，促进源网荷储互动，实现提升系统运行效率、全局优化配置资源的目标。在技术上，新型电力系统需要加快数字化升级改造和智能化技术应用，推动规划、设计、调度、运行各个环节全面转型和革新，提高整体运行效率，适应灵活开放式电力市场的构建需要。

（二）问题所在

进入 21 世纪以来，随着经济的发展，环境污染、可耗竭能源日趋枯竭等问题不断出现，各国政府相继出台了鼓励可再生能源发电的政策，促使风、光、储等可再生能源发电大规模并入电网各个电压等级，尤其是配电网。但是，伴随电网中电源的日趋多元化，且可再生能源发电具有间歇性和波动性的特点，从而使分散分布于电网各地域的可再生能源发电在每一时刻的容量和可利用因子也不同。在最大化利用可再生能源发电政策的驱动下，导致电网的潮流流向无论在时间上还是空间上都呈现不清晰的结果，打破了传统输电与配电逻辑清晰的界限，使目前电网发输配用逻辑清晰的调控解析方式失效。

通过上述问题可以看出，可再生能源电力系统与传统电力系统的管理方式、调控目标、需求侧管理等都存在较大的差异。为了适应高比例可再生能源电力系统的需要，传统调控方式必须改变，若不改变，资源互补、时空关联、集中与分布的矛盾就无法解决，也就是说在满足人们用电需求的同时，难以做到可再生能源的最大化利用。

（三）解决方法

针对上述问题，国内外研究者从不同角度展开研究，总体来说，可以划分为两类：①从时间层面上，多时间尺度协调调控的研究；②从空间层面上，多区域协调调控的研究。

1. 多时间尺度协调调控策略

在时间层面上，针对风、光等随时间尺度增大而调控精度下降的问题，国内外专家学者从时域的角度，提出了多时间尺度协调调控的策略。针对风电预测精度随时间尺度逐级提高的特点，提出了"多级协调，逐级细化"的多时间尺度协调的有功调度系统设计，将上一级调度的偏差由下一级来修正，从而形成滚动的动态优化问题；在此基础上，提出了消纳风电的在线滚动修正策略，给出了在多个时间段内风电、光电、传统发电机的联合动态优化调度模型，并就如何提高计算效率、增强在线滚动修正的实用性给出了具体的方法；在此基础上，提出热电联产机组参与消纳风电的想法，从而提出了在一个周期内的联合滚动优化调度模型，使用拉格朗日优化算法进行求解。依据风电预测误差随时间尺度减小而递减的特性，提出了日前和日内调度计划的滚动优化模型，该模型将风电最新的预测信息纳入之前制订的调度计划，从而调整常规机组的出力和备用，以此逐步提高剩余时段调度计划的准确性；从风光储联合系统的角度，在长时间尺度内，依据风光储之间的互补特性，提出了使储能电站充放电次数最小和优化末段储能电站剩余电量最大的在线滚动的优化和有功实时控制相结合的模型；针对风电的大容量并网及其不确定性对动态经济调度的影响，基于模糊理论提出了考虑风电场的动态经济调度模型，使用改进的粒子群算法进行求解，获得了适应性更好的调度结果；考虑到风电场的不确定因素，将旋转备用引入约束条件以消除风电预测误差，从而提出了计及风险备用约束的含风电场的动态经济调度模型；将风电不确定性成本概念，引入常规动态经济调度模型中，提出了计及风电成本的动态经济调度模型，使用布谷鸟搜索算法对其进行求解；针对大规模风电接入电网，由于风电间歇性和波动性特点增大了电力系统运行的不确定性问题，提出了按时间级分层协调的基于模型预测控制（Model Predictive Control，MPC）的调度和控制思路，以解决控制过程的最优性和快速性。通过分析热电联产特性，提出了储热与风电联合的时间—空间协调调度模型；基于需求响应多时间尺度特性，根据新能源、负荷、发电机组不确定特点，建立了多时间尺度备用资源滚动优化模型；基于风电、负荷和价格型需求响应在不同时间尺度下的预测误差特性，依据"瞻前顾后"原则，建立了含压缩空气储能电力系统日前—日内协调调度模型；从时间尺度定义了高渗透率风电和热电联产机组的灵活性，并提出了风电和热电联产机组协调模型；基于组合预测模型并结合实际信息，提出了能够反馈修正的风电集群有功时域滚动优化控制模型；从不同时间段各发电成本不同，提出了主动配电网柔性负荷多目标优化调控模型。为了最大化消纳风电，建立了"电源—负荷—储能"多时间级联合优化调度模型；在微电网范围内，提出了消纳风电的热电联供日前经济调度模型；根据不同时段的成本差别，提出了风电分段与火电调控联合优化模型；考虑负荷和风电的随机性，提出了多时间尺度下风电机组参与调频的优化协调模型。总之，目前在多时间尺度上计及可再生能源发电调度和控制的研究较多，其特点是通过建立集中的优化模型，实现局部电网的调度和控制，本质上属于集中式的调度和控制方式。

2. 多区域协调调控策略

在空间层面上，目前主要是通过区域协调的方式实现电网统筹调度和控制。针对传统省级电网有功就地平衡自动发电控制模式不利于互联电网消纳大规模风电能力的发挥，提出了充分利用网、省调的所有资源以在更大范围内消除风电出力波动的全网集中控制思路；考虑到互联电网为大范围能源优化配置提供了便利，提出国省两级协调优化的模式和模型；针对风电等间歇式能源并网使自动发电控制过程中出现越来越多的区域功率支援，而目前各区域都不愿付出过多的调节代价问题，建立了基于微分博弈理论求解该问题的集中式优化模型；针对空间分散分布的风电场之间存在"互补效益"，提出了利用联络线实现不同区域电力资源的优化调节，从而在更大空间范围内消纳风电的优化模型；针对多区域风电、火电协调优化调度问题，考虑了每个区域内的功率平衡、备用、联络线有功传输安全等约束，从而建立了联合优化模型。这些对于区域协调的调控策略主要采用集中的方式，考虑到区域电网的信息是分散管理的，分散式的调控策略逐渐出现。将传统经济调度优化模型采用分散式平均一致性算法（Decentralized Average Consensus Algorithm，DACA）进行求解，从而提出了分散式的常规经济调度方法；分别针对传统最优潮流和动态经济调度的集中式优化模型，采用交替方向乘子法（Alternating Direction Method of Multipliers，ADMM）实现了最优潮流和动态经济调度的分散式求解方法。对于多区域的多种能源，采用联络线切割法和区域重叠法对区域进行分割，并利用辅助问题原则算法、分块坐标下降法和近似牛顿法分别进行求解。目前，"区域自律与集中统筹"的调控策略已成为国内外专家学者的共识，从电网分级、分区的角度，提出了区域调度中心分散自治、区域之间由上级调度中心协调调控的方法；从算法的角度，论述了集中式调控方法无法适应智能电网的需求，提出了增广拉格朗日函数法、交替方向乘子法和一致性算法应用于分散式调控领域；从主动配电网、微电网、虚拟电厂等角度，提出了电、气、风、光、储、冷、热等协调优化调度模型以实现区域资源互补。然而，如何建立区域自律调控中心、集中统筹调控中心，以及相应的数据采集管理等问题仍处于研究阶段。

3. 未来广域多形式电源电力系统调控发展展望

目前鲜有文献在电力系统大数据环境下利用人工智能手段从发输配用电网统筹层面上研究分散协调的调控方法，包括：

① 建立发输配用高度协调统一的量测体系，智能电网需要调动电力系统中的每个元件，根据其特性，参与全局调控，这就需要观测、分析、建模其特性模型，由此建立每个元件及由单一至组合的观测、特性模型，并自底向上地建立电网全景观测体系及特征模型体系；

② 全景观测体系构架下，开展相对应的能量管理体系构架建设，如全局统筹与局部自治相融合的高度协同的能量管理体系；

③ 以人工智能等现代学习方法为工具，针对所研究问题，如安全经济调度、自动发电控制等，开展全局统筹、局部自治的调控理论与方法，实现更加精细化、灵活高效的电能管理[9]。

第二章　构建新型电力系统的风险和压力

未来我国新能源电力系统基本形式是：分布式和集中式结合，远距离大电网输送和区域微电网就地消纳，这是中国国情所需；在供应侧、输电环节、需求侧，横向为多能互补，纵向为源网荷储协调互动；实现电源响应、电网响应、负荷响应，促进系统可调控性、安全性、稳定性、信息化、自动化、智能化水平大幅提升。但是，构建这样的新型电力系统存在着巨大的困难和风险。

第一节　新型电力系统安全稳定的风险

一、电压控制和电压稳定问题突出

（一）电力电量平衡问题凸显

传统电力系统中，往往通过控制常规发电机组来平衡负荷的随机波动。但是，在高比例新能源电力系统中，新能源出力受天气变化影响，波动大且具有不确定性，与用电负荷曲线不相匹配，常规电源不仅要跟踪负荷变化，还要平衡新能源出力波动，进而加重了常规电源的调节负担。当常规电源被大量替代后，这种调节能力被大大降低，电力电量平衡问题更加突出。例如，澳大利亚在2016年"9·28"大停电事故发生前，风、光发电占比48.36%，由于台风、暴风雨引起线路故障，造成风电机组大规模脱网等一系列故障，导致南澳大利亚州全州大停电。比较严重的还有 2020 年美国加州"8·14""8·15"停电事故。由于午后及傍晚光伏发电出力下降，高温负荷不断增加，加之热带气旋引发风电大范围停机，使得电力供应出现缺口，同时，电力系统备用容量和储能设施不足，备用天然气机组未能正常启运，导致电网被迫分区限电，造成至少 81 万户居民正常用电受到影响。未来，新能源发电装机占比还将进一步提升，相对于消纳问题，电力电量平衡问题更是电网运行安全的关键，是未来我国高比例新能源电力系统面临的巨大挑战；主网的电压支撑能力不足，新能源造成潮流大幅波动，电压调节压力显著增加。

（二）电网频率调节和电压调节性能显著下降

新型电力系统内，频率调节随着直流输电规模增大和新能源出力占比提高，受新能源有功调节能力限制，电网频率调节能力持续下降。电压调节方面，直流和新能源机组均不具备类似常规电源的动态无功支撑能力，新能源占比较高的电网系统动态无功储备不足，电网电压崩溃风险加大，同时，新能源耐压水平差，易过压脱网，进一步恶化了系统电压调节能力。

1. 频率稳定问题凸显

电力电子类电源（新能源 + 直流）高占比地区，频率稳定威胁电网安全。某新能源 + 直流出力占比超过 50% 的省级电网，交流故障期间光伏大面积进入低电压穿越，同时受直流发生换相失败、叠加系统惯量不足的影响，电网频率大幅下降，极易引发低周减载动作。

2. 系统频率调节能力降低

直流及新能源替代常规电源装机，系统频率调节能力显著下降。单一直流故障、多回直流同时换相失败，对送受端电网产生巨大冲击。2020 年 9 月 27 日，某受端电网交流故障，导致六回直流同时换相失败，期间直流和功率跌落约 2300 万 kW。

新能源机组高、低电压穿越能力不足使系统出现故障时，易导致大量连锁脱网，加大故障冲击，新能源并网后加剧了对电网的有功冲击。

3. 直流集中馈入地区电压调节性能下降

大量直流接入系统,无法提供常规电源的动态无功支撑能力,而且还会加重系统的调节负担。从静态平衡看,根据直流设计原则,正常工况下直流换流站与系统无功交换为零。电力系统时刻处于动态平衡,从动态调节特性看,按交流母线电压降低1%测算,直流逆变站将从系统吸收 50 Mvar 无功功率,相同规模的常规电源至少可向系统发出 300 Mvar 以上无功功率,二者在系统电压降低时表现出完全相反的调节特性。

4. 直流与新能源的电压协调控制问题

直流换相失败、新能源低电压穿越等强非线性响应行为相互作用,导致暂态电压大幅变化;交流短路容量不足时,协调控制十分困难。直流换相失败期间,送端电网首先产生低电压过程,近区新能源大面积进入低电压穿越,其后进入高电压过程,直流换相失败与新能源低电压穿越的影响叠加,暂态过电压可能超过 1.3 倍额定电压,近区新能源机组有可能大规模连锁脱网。

5. 直流多馈入地区的电压稳定问题

直流换相失败的故障期间需要大量吸收无功功率。多回直流密集馈入,多馈入短路比不断下降,易引发电压崩溃。分析及运行实践表明,单一特高压直流换相失败,逆变侧从系统吸收的无功功率可能高达 400 万 ~ 500 万 kvar。若多回直流同时换相失败,产生的无功功率冲击将更大,电压稳定水平显著恶化。

(三)新能源转动惯量低,电网抗扰动能力持续下降

电力系统惯性表现为对外来扰动引发频率变化的抵抗作用,是系统频率稳定的重要保障。转动惯量是衡量系统抗扰动能力的重要指标,系统转动惯量越大,承受有功冲击、频率波动的能力越强。传统系统同步机与电网直接连接,发电机旋转质块通过释放或吸收动能,响应由系统功率变化导致的电磁功率与机械功率偏差,支撑系统功率平衡,抑制频率变化。而通过全变流器连接的风、光发电无惯量响应特性,不具备扰动功率自动分配能力,机械功率与电磁功率无偏差,无法进行惯量响

应。所以，在同步机逐步被几乎零惯性的变流器接口电源替代的新能源系统中，转动惯量相对减小，惯量响应能力减弱，抗扰动能力下降。

（四）电力系统电力电子化程度提高，电力系统稳定形态更加复杂

与传统电力系统相比，新型电力系统发生故障后，稳定形态更加复杂，影响范围更大，风险也有所增加。一方面，新能源的各类电力电子设备涉网性能标准偏低，其频率、电压耐受能力均不如火电，事故期间易因电压或频率异常而大规模脱网，引发连锁故障；另一方面，新能源发电均通过电力电子变流器接入电网，变流器与电网相互作用，或引发次同步频率到谐波频段内控制不稳定和振荡问题。近年来，世界各地都发生过与新能源机组相关的多种形态振荡稳定性问题。例如，2011年以来，河北沽源地区风电场已发生上百次由风电机群与串补电网相互作用引发的振荡频率在 3～10 Hz 变化的次同步谐振事故；2015年以来，新疆哈密地区频繁出现振荡频率在 20～40 Hz 变化的风电机群参与的次同步振荡事故；2019年8月，英国由于雷击造成线路停运，引发风电场并网点出现 10 Hz 左右的次同步振荡，振荡期间，风机由于过流保护动作引起大规模脱网，伴随其他常规机组停机，最终导致全国大停电事故。

（五）亟须进一步建立和健全电力辅助服务市场

新型电力系统中，火电用于调峰、调压、调频的功能会愈发突出，火电将从电量和支撑的责任主体逐步转变为调整和辅助支撑的电源。目前，以电量价格为主的市场机制缺乏火电为电力系统提供调峰、调频等服务的回报。若只按提供的电量计收益，火电运行小时低，生存困难。如何设计激励机制以提高网内火电主动参与调节的积极性，是需要重点思考的问题。但是，若完全依赖低存量火电和储能作为灵活性来源，压力和成本巨大，还需考虑风、光电厂参与电网调节，以形成风、光、水、火和储能的灵活性资源的协同。因此，建设多种资源协同的辅助服务体系，引导新能源企业开展新能源机组调频、调压建设，是促进新能源可持续发展的当务之急。

二、短路电流超标和动态无功支撑不足问题突出

（一）受端电网短路电流超标与电压稳定问题并存

受端负荷密集地区，大量厂站短路电流超标；同时外受电比例大，动态无功严重不足，电压稳定问题恶化。

（二）送端电网短路电流超标与电压控制问题并存

大量电源通过直流送出，主网短路电流超标。新能源装机规模大，动态无功支撑不足，电压控制难度不断增加。

西部某地区接入千万千瓦级光伏基地，750 kV 站点存在短路电流超标问题，但新能源汇集站暂态过电压严重，还需要进一步加强动态电压支撑。

总体来看，新型电力系统中的电网形态和运行特性已经发生深刻变化，电网安全管控面临巨大挑战，迫切需要精确调整电网运行控制的各个环节，全面提升系统的协调运行能力。

（三）解决方法

1. 合理制定新能源并网规划，促进新能源消纳与电网安全稳定运行

坚强的一次网架是电网安全稳定运行的基础。根据电网承受能力合理制定新能源发展规划，风、光等新能源的接入规模必须与交流电网规模和网架强度相匹配，并警惕新能源发展超过电网承受能力带来的安全性风险。新能源发展规划的制定，需要考虑电网的承载能力，新能源的增长需要有交流系统的规模和网架强度提供保障。

2. 完善和落实新能源频率、电压调节能力、耐受能力相关技术标准的技术要求及考核办法

按照最新发布的国标《电力系统安全稳定导则》（GB 38755—2019）要求，新能源机组应具备一次调频、快速调压、调峰能力。为防范新能源大规模脱网引发连锁反应，新能源的电压、频率耐受能力应满足相应

标准的要求。对于新并网的新能源场站，应将调频、调压性能，以及电压、频率耐受能力列入并网条件进行审核，对于存量不满足要求的新能源场站，应适时对其进行改造，使其具备调频、调压性能，满足电压、频率耐受能力的要求。

3. 大力开展新能源场站并网相关基础理论、核心技术和关键设备的研究与开发，提升新能源友好性

从服务新能源大规模接入与消纳的实际需要出发，集中力量开展新能源场站并网基础理论、核心技术和关键设备的研究与开发。大力开展各式各类储能技术的研发与应用；大力开展风电、光伏场站主动惯量支撑、调频、调压技术研究及应用；大力开展新型电力系统稳定分析和控制方法研究，加强对新型电力系统仿真认知、状态监测和运行控制的手段和能力。

4. 充分挖掘常规火电、水电机组调节潜力，提升系统灵活调节能力

在建设新型电力系统进程中，很长一段时间内，常规电源将更多地承担灵活调节的作用和供电安全"压舱石"的职责。因此，需要充分发掘常规电源在调峰、调频、调压方面的潜力。不仅要开展常规火电机组灵活调节改造技术应用，还要加快抽水蓄能电站建设，推进核电机组参与调峰，充分利用不同形式能源的优势进行互济互补，结合地域能源特点，建立多能互补综合能源系统，整体提高新型电力系统经济灵活性、运行可靠性。

5. 建立适应碳减排和新能源发展的市场机制，调动各市场主体参与辅助服务的积极性

为适应新能源大规模接入并消纳的需求，要加快建设多种资源协同的辅助服务体系，丰富辅助服务交易品种，鼓励发电企业借鉴和开发新的运营模式，如利用常规机组提供系统惯性服务、无功支撑服务等。同时，建立新型储能价格形成机制，提高新能源发电企业配置储能积极性，使新能源配储的多重价值在价格上充分体现。

6.考虑火电机组在新型电力系统中的功能定位,建立合理的火电价格机制

在新型电力系统中,火电将由主力能源降格为辅助能源。为确保电网运行安全,在很长一段时间内,火电将面临总体装机容量不能降低,但运行效率(利用小时数)不能升高的局面。提高运行灵活性是火电唯一的选择。为维持火电厂正常运转,要提升发电企业灵活性改造积极性,在以电量价格为主的市场机制的基础上,综合考虑火电机组灵活性改造成本和灵活调节运行成本,制定合理的火电机组调峰、调频、备用等辅助服务价格,以补偿其合理成本,形成新型电力系统中火电可持续发展的商业模式[10]。

第二节 清洁能源消纳的压力

一、清洁能源消纳困难

国家能源局发布的《2020年度全国可再生能源电力发展监测评价报告》显示,2020年全国可再生能源电力实际消纳量为21 613亿kW·h,占全社会用电量比重为28.8%,同比提高1.3个百分点;全国非水电可再生能源电力消纳量为8562亿kW·h,占全社会用电量比重为11.4%,同比增长1.2个百分点。

清洁能源消纳目标完成情况方面,2020年全国平均风电利用率为97%,超过2020年利用率目标2个百分点;全国平均光伏发电利用率为98%,超过2020年利用率目标3个百分点;全国主要流域水能利用率为97%,超过2020年利用率目标近2个百分点。整体而言,清洁能源消纳的形势持续向好,已经达到国际先进水平。但是清洁能源消纳利用是一个涉及电源、电网及用电负荷的系统性问题。目前,我国清洁能源消纳主要面临以下几方面的困难:一是资源和需求逆向分布,风、光资源大部分分布在"三北"地区(东北、西北、华北),水能资源主要集中在西

南地区，而用电负荷主要位于中东部和南方地区，由此带来的跨省区输电压力较大。二是清洁能源高速发展与近年来用电增速不匹配，近年来在国家政策的积极支持下，清洁能源特别是风电、光伏发电的装机整体保持着较快的增长速度，远超全社会用电量的增速，供需不匹配问题造成了较大的消纳压力。三是风电、光伏发电的出力受自然条件影响，存在比较大的波动性，大规模并网后，给电力系统的调度运行带来了较大挑战。四是系统的调节能力无法满足清洁能源发电出力与实际用电负荷需求之间的差异性，风电、光伏发电等新能源出力具有较大的波动性，在时段分布上与用电负荷存在较大差异，如风电一般夜间出力较大，但此时用电负荷较小；光伏发电出力在傍晚快速减小，但此时实际用电负荷正迎来晚高峰；水电出力受来水情况影响，汛期出力较大而枯期出力有限；核电考虑到经济性与安全性，一般承担系统基荷，很少参与调峰。目前，我国清洁能源消纳问题存在较为明显的地域和时段集中分布的特征。其中，弃风、弃光主要集中在新疆、甘肃和内蒙古等地区，多发生于冬季供暖期及夜间负荷低谷时段。2021年前三季度弃风、弃光合计达到198亿 kW·h，占全国总弃风、弃光电量比例超过90%，弃风、弃光的原因主要是新能源装机占比高、热电机组和自备电厂装机规模大、系统调峰压力较大，同时部分特高压通道的输电能力不足，存在新能源外送受限问题。弃水主要集中在西南的四川、云南地区，多发生于汛期，弃水的原因主要是水电建设规模较大，需要大规模跨省区外送消纳，涉及地域范围广、市场主体多、协调难度大，目前存在一定的网源建设不协调问题，同时市场化交易机制不健全，市场配置资源的决定性作用还没有充分发挥。

二、系统调度运行困难

在以上各种因素的综合作用下，系统的实际调度运行面临较大困难，调节能力成为决定清洁能源消纳水平的关键。目前我国电力系统尚不完全适应如此大规模波动性新能源的接入。提升系统的清洁能源消纳能力，重点在于挖掘调峰潜力，提升系统的调节能力，直接途径包括新建抽水蓄能电站、气电、大型龙头水电站等灵活性调节电源及储能电站等。同时，我国"三北"地区供热机组与自备电厂机组规模较大，可以通过实施火电灵活性改造、引导自备电厂参与系统调峰等方式，提升系统的调节能力。此外，在实际调度运行过程中，应当核定火电机组的最小技术出力率和最小开机方式，确保调峰能力得到充分利用。

三、具体措施

壮大清洁能源产业是推动我国能源结构调整的重要举措，实现充分消纳则是清洁能源产业高质量发展的关键保障。近年来，党中央、国务院和社会各界对清洁能源消纳问题高度关注，为建立清洁能源消纳长效机制，确保实现消纳目标，按照党中央、国务院领导同志关于清洁能源消纳的重要批示要求，国家发展改革委、国家能源局高度重视，全力推进清洁能源消纳，在有序规划开发、完善扶持政策体系、落实保障性消纳、提升输电通道能力、增强系统调节能力、建立市场化机制等方面开展了大量工作。习近平总书记在党的十九大报告和中央经济工作会议上对大力发展清洁能源提出明确要求，李克强总理多次对促进清洁能源消纳做出重要批示。在国家高度重视和行业共同努力下，目前清洁能源消纳取得一定成效，整体呈现好转态势。但是，当前取得的成绩还不牢固，短期临时性措施多，长效机制少；局部单一品种措施多，全局性机制少。为进一步巩固已有成果，我们在认真研究、广泛听取各方意见及实施专项调研的基础上，编制了《清洁能源消纳行动计划》，旨在提出更加有力有效促进清洁能源消纳的措施，形成全社会促进清洁能源消纳的工作合力，推动建立清洁能源消纳的长效机制，为促进清洁能源高质量发展、推动我国能源结构调整提供可靠保障。《清洁能源消纳行动计划》从电源开发布局优化、市场改革调控、宏观政策引导、电网基础设施完善、电力系统调节能力提升、电力消费方式变革、考核与监管等7个方面，提出了28项具体措施：一是从清洁能源发展规划、投产进度、煤电有序清洁发展等方面进一步优化电源布局，合理控制电源开发节奏；二是从电力中长期交易、清洁能源跨省区市场交易、现货交易、辅助服务补偿机制等方面加快电力市场化改革，发挥市场调节功能；三是从可再生能源电力配额制度、非水可再生能源电价政策、清洁能源优先发电制度、可再生能源法修订等方面加强宏观政策引导，形成有利于清洁能源消纳的体制机制；四是从火电灵活性改造、火电最小出力与开机方式核定、自备电厂调峰、可再生能源功率预测等方面深挖电源侧调峰潜力，全面提升电力系统调节能力；五是从电网汇集和外送清洁能源能力、跨省区通道可再生能源输送比例、城乡配电网建设、多种能源联合调度、电网运行管理等角度完善电网基础设施，充分发挥电网资源配置平台作用；六是从清洁能源的绿色消费模式、可再生能源就近高效利用、储能技术发展、北方地区清洁取暖、需求侧响应等角度促进源网荷储互动，积极推进电力消费方式变革；七是从清洁能源消纳的目标考核、信息公开和报送、监管督查等角度落实责任主体，提高消纳考核及监管水平。

实际上，近年来随着我国能源清洁产业不断发展壮大，在风电、光伏发电等装机和发电量比重快速提升的同时，清洁能源利用水平正逐步接近并部分超过国际公认的平均合理水平。因此，为引导社会舆论正面关注清洁能源开发利用工作，促进产业高质量发展，《清洁能源消纳行动计划》更加突出清洁能源的"利用率"，将风电利用率、光伏发电利用率和水能利用率作为清洁能源开发利用水平的主要评价指标。

为确保各项措施有效落地取得实效，《清洁能源消纳行动计划》将强化清洁能源消纳目标的考核工作，重点包括：科学测算清洁能源消纳年度总体目标和分区域目标；弃水、弃风、弃光情况严重和核电机组利用率低的省（自治区、直辖市），要制定本地区解决清洁能源消纳问题的专项方案；组织具备接受外送清洁能源消纳条件的省（自治区、直辖市），明确本区域消纳目标；明确新能源与煤电联合外送通道中，非水可再生能源发电量占总电量的运行比重目标，并实施年度考核。

为充分发挥电网资源配置平台作用,《清洁能源消纳行动计划》针对性地提出以下措施与要求：一是提升电网汇集和外送清洁能源能力。加快推进水电外送通道建设,研究推进高比例可再生能源通道建设,重点解决有关输电断面能力不足问题。二是提高存量跨省区输电通道可再生能源输送比例。充分发挥送受两端煤电机组的调频和调峰能力,利用可再生能源的功率预测结果滚动修正送电曲线。三是实施城乡配电网建设和智能化升级,增强电网分布式清洁能源接纳能力,以及对清洁供暖等新型终端用电的保障能力。此外,《清洁能源消纳行动计划》提出研究探索多种能源联合调度,包括研究试点火电和可再生能源联合优化运行、按区域组织多种电源协调运行的联合调度单元、鼓励新建核电项目配套建设抽水蓄能等调峰电源。宏观政策是保障清洁能源发展的基础,市场则是形成促进清洁能源消纳长效机制的关键,相对而言更加灵活。《清洁能源消纳行动计划》统筹兼顾了市场与宏观政策两方面的措施,力争最大化促进清洁能源消纳。一方面,加快电力市场化改革,完善电力中长期交易机制,扩大清洁能源跨省区市场交易,统筹推进电力现货市场建设,全面推进辅助服务补偿（市场）机制建设,发挥市场调节功能；另一方面,加强宏观政策引导,研究实施可再生能源电力配额制度,完善非水可再生能源电价政策,落实清洁能源优先发电制度,启动可再生能源法修订工作,形成有利于清洁能源消纳的体制机制。

四、限电量统计

关于限电量统计的问题,涉及两方面内容：一方面,目前部分媒体比较关注清洁能源限电率和限电量的"双降",但限电绝对量与清洁能源的装机规模和利用水平均相关。随着我国清洁能源发展规模的持续扩大,绝对限电量的横向对比意义减弱,限电量增大也不一定意味着利用水平降低,因此不宜使用限电量的绝对数值作为评价指标,必须要从利用率的角度来考虑。另一方面,2020年全国平均风电利用率、光伏发电利用率、水能利用率指标分别为95%左右、高于95%和高于95%，达到了国际先进水平。同时由于我国清洁能源发展规模的逐步扩大，特别是集中连片清洁能源开发地区，即使清洁能源利用水平控制在合理范围内，限发电量的绝对量也较大，容易引发炒作和误解。为此，我们参考国际经验对全网统计口径进行了优化，对于风电、光伏发电及水能利用率高于95%的区域和主要流域，其限发电量在合理范围内，不再计入全国限电量的统计范围。

新能源企业既是清洁能源消纳的直接受益者，也是重要的参与者，承担着重要责任，如提升新能源的功率预测水平，为调度机构优化调度运行方式提供可靠保障；参与电力现货市场、辅助服务市场，以市场化方式提升系统调节能力，促进清洁能源消纳。终端电力用户可以通过坚持绿色消费理念、优先选用清洁能源电力的方式，为清洁能源消纳提供充足的市场空间，同时也可以参与电力辅助服务市场，通过用户可中断负荷等资源为系统消纳清洁能源提供调峰服务，增强系统的调节能力[8]。

五、系统优化

长期以来，我国清洁能源发展一直以"弃电"的高低作为评价标准，但"弃电量""弃电率"的说法只关注清洁能源电力的未利用部分，忽视了整个能源和电力系统为消纳清洁能源付出的努力和成本，易引起社会各界的误解。从整个能源系统经济性和全社会用电成本的角度，结合电力系统自身的特性，清洁能源消纳存在一个经济合理的利用率范围，片面追求百分之百消纳，将极大提高系统的备用成本，限制电力系统可承载的新能源规模，反而制约了新能源发展，因此并不是百分之百完全消纳最好，达到最优化的结果才是新型电力系统的目标。

第三节 电力系统成本上升的压力

从电力系统角度评估新能源使用成本,包括新能源场站成本和系统成本两部分。其中,系统成本包括灵活性电源投资及改造成本、系统调节运行成本、大电网扩展及补强投资、接网及配网投资等。随着新能源发电渗透率的提高,调节运行成本等系统成本将显著增加。电网有没有能力消化这部分成本?

一、能源转型或致系统成本增加

新能源装机占比越高,电力现货市场的价差将会越大,同时,电力辅助服务需求、容量充裕性需求将越高,电力系统的成本也随之增加。这表明在推动能源转型的过程中,需要做好应对电力系统成本增加的准备,实现平稳转型。

从电网领域看,"十四五"期间电网及相关产业投资不低于6万亿元,按照50%计算,输电网投资约为3万亿元,这部分投资基本上是为满足可再生能源消纳所需增加的输电线路建设及相关费用。如果按照20年投资回收期、8%回报率来计算,那么平均每年的额外新增成本是3055亿元。所以,同等容量可再生能源接入电力系统成本为常规能源接入电力系统成本的2~3倍,这将进一步推高电网投资。在不考虑通货膨胀因素的情况下,如果将电源侧和电网侧新增的成本全部传导至用户侧,粗略估算,相当于到"十四五"末终端电价上涨约7分钱。

二、电力系统具有价格承压能力

随着新能源装机规模和电量渗透率的提升,新能源承担的功率预测、自动电压控制、自动发电控制等考核费用增加,常规电源为平抑新能源波动性提供的辅助服务成本增加,电网服务新能源接网及消纳的投资也将不断增加。但是可再生能源的消纳，并不仅仅是电网和可再生能源之间的事情，不能仅靠电网调度实现，更多的是需要释放整个系统的灵活性，在不增加大量基础设施投资的情况下，目前仍有潜力可挖。

我国电力市场与国外电力市场不同。在"碳达峰""碳中和"目标下，我国整体电力供应将会进入偏紧的阶段，这将促使电力应用更加灵活，企业会有针对性地进行弹性调整，无须担心终端电价上涨问题。现在电网的定位非常清晰，就是作为电力输送的管道平台，电网具有很强的成本控制和消化能力。同时，整个电力系统也具有很大的挖潜空间。

新能源占比的增加，将进一步激活对电力市场辅助服务的需求。对于辅助服务费用，应该秉持谁使用谁付费的原则。想要一个高质量电能服务，必然要付一个更高的价格，这符合市场规律。现在看来，可再生能源的度电成本仍在下降，价差优势会越来越明显，可再生能源有足够的底气支付自己所需的灵活性服务费用。现阶段电化学储能与抽水蓄能的价格机制已经出台，再加上风电、光伏发电已经平价，说明当前电价机制内部仍有充分保障空间。另外，在构建以新能源为主体的新型电力系统的过程中，阶段性的电力现货价格暴涨、区域性的缺电现象，都是发展过程中出现的问题，最终还是要通过发展来解决。目前新型电力系统建设才刚起步，针对全社会的电价调整政策不会出现。

想要解决辅助服务市场可能出现的涨价问题，就要进一步缩短交易周期、增加交易频次，给可再生能源更多的调整空间。未来要建立适应可再生能源生产特性的交易体系，尽可能保护对用户友好的可再生能源收益，鼓励其发展，在一定程度上避免由于辅助服务市场因素所带来的电价压力传导[11]。

第三章　构建新型电力系统的技术难题

第一节　构建新型电力系统的顶层设计

我国力争在 2030 年前实现"碳达峰"，在 2060 年前实现"碳中和"的目标（"3060"目标）已经确定。2021 年 3 月 15 日，中央财经委员会第九次会议研究实现"碳达峰""碳中和"的基本思路和主要举措，会议指出要"构建以新能源为主体的新型电力系统"。近半年来，国内外众多能源电力智库及专家、学者从不同出发点、不同目的、不同角度、不同层面开展了众多研究，但构建新型电力系统具有高度复杂性，涉及法规、政策、体制、技术及框架构建等各个方面，这一领域的研究整体上处于前期探索阶段。凡事预则立，不预则废，构建新型电力系统的"预"就是要做好"顶层设计"，且构建就有"顶层设计"之义。顶层设计是"纲"，纲举目张，"纲"包含了构建中国特色的新型电力系统的基本定位、基本特色、基本功能、基本机制、基本动力、基本进程、基本保障等。

一、基本定位

（一）构建新型电力系统是"国之大者"

中央财经委员会第九次会议提出，实现"3060"目标是党中央经过深思熟虑做出的重大战略决策，事关中华民族永续发展和构建人类命运共同体。能源本身就是国之大者，而电力是能源的核心。因此，构建新型电力系统就是"国之大者"。

（二）构建新型电力系统是电力发展的必然

电力系统从来没有停止过创新发展和更新换代。当前正在进行着第三代电力系统的建设和完善（《中国电力百科全书·综合卷》2014 年 5 月第 3 版）。从生态文明建设需要、人类可持续发展的需要、共建人类命运共同体需要、中国新阶段高质量发展的需要看，构建新型电力系统是历史的必然趋势。

（三）电能生产和消费系统实现零碳

正在变革的中国电力系统，电能生产过程仍然是以化石能源为主体，消费的电能仍然是高碳或中碳电能。而新型电力系统生产过程是以新能源为主体，消费的电能是低碳或近零碳电能，这一定位是新型电力系统顶层设计的核心。

（四）新能源"主体"应是数量主体、功能主体和责任主体

新能源在电力系统中数量占比大小固然重要，但不能单纯从新能源发电装机或发电量的数量占比大小来判断是否为主体能源，而是要在安全经济目标前提下，从电力系统整体功能实现上来判断新能源是否成为主体能源。

（五）新型电力系统的主要约束是能源安全下的系统经济性

新能源发电主体主要是指太阳能发电和风电（不排除在个别地区生物质发电、地热发电比太阳能发电、风电更具有开发价值）。光伏发电早在几十年前就有，但成本过高，作为特别场合才有应用。当今，光伏发电、风电成本显著下降，在发电上网环节已经可以与化石能源同台竞争。但是，新能源接入电网节点时的成本并不是终端用户电能成本。当新能源为主体时，要从系统成本的大小看是否与化石能源具有竞争性，除常规的上网电价成本、电网升级改造成本外，系统成本中还需要考虑风险防范如战略备用电源和长周期储能系统等成本，如新能源发电不接入电网但用户仍需要电网提供安全用电保障时，新能源发电的系统成本

也应计入电力系统为此付出的成本。同时,也要考虑新能源的正外部性效益(即把低碳和资源节约等对社会公共利益的贡献在成本中扣除)。

二、基本特色

(一)在现代电力系统之上构建新型电力系统

中国是后发国家,经过几十年的努力,已经建成世界上规模最大、技术水平总体先进、部分领先的现代电力系统。中国构建新型电力系统不是在几十年前"一穷二白"的基础上构建,不是"先破后立",而是要在现代电力系统基础上逐步升级换代为一个新型电力系统。

(二)在全国一盘棋原则下构建新型电力系统

中国是一个 14 亿人口的大国,也是一个能够集中力量办大事的大国,更是一个有着人类命运共同体理念的负责任大国。同时,在能源资源不平衡、能源消费不平衡、自然环境差别大的广袤国土之内,新能源发电具有显著的时空特点,大范围优化配置与就地平衡配置并举是必然之举,因此,必须坚持系统思维,在全国一盘棋原则下构建新型电力系统。

(三)"压缩型"减碳进程中构建新型电力系统

发达国家能源电力转型是自然进程。中国要用不到发达国家一半的时间完成由高碳电力系统过渡到低碳(近零碳)电力系统,必然是"压缩型"低碳转型。作为世界上电力生产量和消费量都是第一的大国,从电力转型基本规律看,必然是快速渐进与合理超越相结合的进程。这就需要一方面充分汲取全人类能源转型经验;另一方面决不能照搬任何一个国家的整体性、系统性经验。需要注意的是,世界上本来就不存在模板意义上的国家层面的"新型电力系统",中国提出构建新型电力系统是一项基于国情的伟大创新。

（四）在生态文明框架和能源安全新战略基础上构建新型电力系统

构建新型电力系统已有坚实基础。①中国电力供需矛盾由长期短缺发展为近几年的整体供需平衡。②自2006年中国《可再生能源法》颁布以来，尤其是党的十八大以来，在习近平总书记生态文明思想和能源安全新战略指导下，加快新能源发展和强化能源安全的法规、政策、标准不断完善。特高压技术和工程、电力系统智能化建设，分布式能源发展等不断取得新进展，以光伏发电、风电为代表的新能源发电成就巨大，以电动汽车充换电、化学电池为代表的新业态蓬勃发展，煤电机组灵活性改造也为促进新能源消纳发挥了积极作用。③《电力系统安全稳定导则》《电力系统技术导则》新修订后颁布实施，为加快新能源建设及解决新能源发展过程中电力系统安全稳定运行提供了新的遵循。

三、基本功能

（一）满足国民经济和社会发展需求

随着我国现代化建设持续推进，经济社会发展对能源需求将显著呈现以电能为主的特征。当前，中国终端能源消费中天然气占比仅7.8%（发达国家占比约25%），电能消费占26%左右（比发达国家平均水平略高）。要使中国能源消费清洁化，大力、持续提高天然气占比并不是最佳选项：一是天然气成本总体太高；二是对外依存度高；三是天然气也是化石能源。因此，在大力发展新能源背景下，提高电能在终端能源消费中的占比是最佳选择。据预测，我国人均用电量到2060年"碳中和"时将比2020年的5328 kW·h还要翻一番。在用电结构上人均生活用电量、第三产业用电量比重将会不断提高。尤其是信息传输、软件和信息技术服务、新能源车辆整车制造、太阳能和风能设备制造业、充换电、储能等新兴行业用电量增长会更快。

（二）满足合理的电力安全需求

人类使用电能初期，电气化的标志之一是电灯，即便当时电能质量不高、停电频繁，但人们可以用蜡烛或油灯替代，并不会对生活造成大的影响。当电能普遍用于公共事业、工业动力时，电能短缺对经济社会的影响显著增加。当终端能源以电能为主时，电能将渗透到经济、社会、文化的各个方面，全面影响到人类的衣食住行及工作、信息沟通、社交、文化等领域，成为像空气一样须臾不可离开的基本物质，其重大电力安全风险将成为国家和人民难以承受之重。因此，电力安全水平随着人民生活水平的提高而进一步提升，同时，电力安全水平与经济承受能力的关系更为密切，满足不同用户的合理电力安全需求也非常重要。

新能源的随机性、不稳定性、间歇性特点是电力供应安全风险的主要根源，在数字化、智能化平台之上建立的电力控制及运行系统，被黑客和敌对方攻击的风险也是重大新型电力安全风险，二者叠加更具有破坏性。虽然在理论上，在现有的技术条件下，只要不惜经济代价是可以防范重大风险的（如再备份一个以化石能源为主体的电力系统），但是，不惜经济代价的前提在决策和实施过程中是不成立的。所以，新型电力系统构建要同步深化新型风险研究和防范，重构电力安全理论和防范风险体系。

（三）满足生态环保新要求

在第三代电力系统建设中，中国煤电大气污染物控制已经达到世界领先水平。二氧化硫、氮氧化物、颗粒物 3 项常规污染的年排放总量不到 200 万 t，低于美国煤电污染物总排放量（我国煤电发电量是美国的 2.5 倍左右）。从生态环境要求看，电力常规污染物控制已经不是中国污染排放控制的主要任务，且由于煤炭用量逐步减少，从整体上看煤烟型污染物对环境造成的影响会越来越小。但从局部看，由于火电在中国的占比高达 70.5%，且在短时间内不可能大量削减，因此还需密切关注和严格控制污染物排放对局部环境质量的影响。

从宏观上看，新能源发展中会产生由新材料生产、设备制造、设施建设运行、设备退役等的新的生态环境问题；同时，与新能源发展相配套的化学电池生产、运行、服役期满后的污染物处置问题也逐步加重。这些都需要在新能源发展中同步做好生态环境管理。

四、基本机制

新型电力系统的基本要素包括电源、电网、负荷、储能、战略备用几个部分。与传统的电力系统比，不仅是增加了"储能""战略备用"，而且原有的要素也发生了质的变化。新型电力系统运行的基本机制可以简要归类为3个方面，即多元化电源支撑、大电网与分布式微电网并举的供需耦合机制、新电力安全风险防范机制。

（一）新能源为主体的多元电源支撑体系

大力、有序发展新能源。这是构建新型电力系统的核心。无论从指导思想上、战略布局上，还是从重点工程措施上，都是要围绕新能源发展这一主题做工作。新能源与其他能源发展的关系犹如中药方中各味药之间的"君臣佐使"的关系，新能源为"君"，其他都为"君"药发挥作用而提供各种功能，从而构成安全、低碳、经济的电能供应系统。新能源为"君"并不意味着无序盲目发展，电力系统本身就是一个严格按照物理规律运行的人工系统，无序发展不仅会给电力系统带来安全稳定风险，而且会严重影响到新能源自身的快速健康发展。

① 严格控制煤电发展。"十四五"期间，应当将重点放到如何发挥好年轻煤电机组的综合性作用上，特别是灵活性调节及提供系统转动惯量的作用上。仍需要建设少量煤电时，要因地制宜地做好充分论证，不能简单地走高参数、大容量、高效率建设的老路，更不能继续推进"以大代小"政策，而是要"着力提高效能"。面向未来，煤电承担安全备用及灵活性调节的任务还需要很长时间，CCUS技术在未来应用也就成为必然，但当前乃至今后二三十年内，对CCUS的基本定位应是积极研发、慎重应用。

② 煤电何时退出、退出的程度、如何退出是巨大系统工程，要做充分论证。因为退出中国年轻而先进的、经过不断投入资金进行节能提效和环保改造的燃煤电厂，不仅是因为投资没有完全收回，有巨大的金融

风险、投资者利益受损、员工重新就业、地方经济、产业链供应链（如煤矿及运输业）等直接影响，而且对整体能源安全、能源布局、电力布局、区域电源支撑、电力系统安全稳定运行、支撑可再生能源消纳都有重要影响。从低碳发展本身讲，中国煤电系统及关联系统也是巨大社会财富的构成，附着在这些财富之上的基本建设及设备之上的钢铁、水泥、材料、用工等已经产生的碳排放也是巨大之数。还有，中国煤电机组中热电联产机组发电量占比已达50%以上，煤电退出不仅是电的问题也是供热问题，这与发达国家煤电绝大部分只用于发电的情况是截然不同的。发达国家淘汰煤电机组的平均运行年龄大多是50年左右，早已超过机组设计服役期，早已完成了历史使命，而中国煤电机组平均运行年龄为十二三年，离服役期满还不到一半。正如一个百岁以上老人与一个既当爹（发电）又当妈（供热）的二三十岁青年谈判一起安排"后事"一样，显然，同样的事情对这两个人及家庭社会的影响是截然不同的。

③ 积极适度推进燃气轮机发电。燃气轮机因其具有灵活性高、碳排放强度低于煤炭和石油、我国燃气机组比重低等特点，近期仍需要较快发展，但从成本、对外依存度、化石能源特性上看，不宜成为持续快速大量发展的电源。

④ 在保障安全前提下应加快建设核电。如果没有一定比重的核电，中国就完成不了"碳中和"目标，"碳达峰"的峰值也会更高。

⑤ 因地制宜发展水电。无论从技术可开发还是从经济可开发角度看，水电可开发容量都已经不大，但还是要坚持建设，因为相对于新能源，水电近零碳排放特性及对电力系统稳定运行有良好支撑性特点显著。

⑥ 生物质发电能用尽用。生物质为碳中性能源，多利用一点，其整体的二氧化碳排放量就少一点，且因生物质发电装机容量虽然总体规模不大，但具有分散性、高利用率、年利用小时数可达六七千小时、有利于与新能源互补的特点，更有利于促进农业、农民、农村发展。生物质发电应当坚持煤电机组掺烧、分散、小型、多样化发电和综合利用的技术路线，因无一定之规，政策上要引导，但不宜一刀切。

（二）大电网与分布式微电网并举，智能化与市场化支撑的供需耦合机制

随着新能源发电比重逐步提出，电力系统中发输变配用各要素逐步发生变化，新问题不断出现，应对新问题的措施也不断加强，以解决问题为导向的电力系统也逐步改变。

① 电力系统安全稳定运行受到新挑战。新能源电能虽然通过了电力电子系统模拟达到了电网运行守则规定的要求并入电网，但对电网运行产生的不稳定性增加。一方面，新能源发电的特性减少了系统转动惯量（新能源替代传统发电），由此引起电能频率不稳定；同时，电力电子系统对电压、功角的稳定也产生新影响。另一方面，在电能输送上，大规模新能源基地需要配合一定数量的常规电源，但常规电源的高碳特性在一定程度上降低了新能源的低碳贡献。

② 在电能消费方面，由于大量新能源是分布式生产和消费的，从而改变了传统的电力负荷曲线，使传统负荷曲线与净负荷曲线围成一个典型的"鸭型"特征，给系统平衡带来新困难。

③ 为平抑新能源的波动性和不稳定性，储能装置大规模进入电力系统后，使电网配置电能由传统的"发输变配用"单方向的电能流动，转变为电能在发、用电之间的双向或多向（多用户和多电源）流动。

④ 在常规电源由电力、电量主体向灵活性调节主体转变过程中，发电机组较大偏离最佳状态，发电效率会相应降低，影响到电力系统效能。

⑤ 电网架构逐步形成大网与分布式能源系统、微电网、交直流混合电网共存及紧密联系的格局。

⑥ 新型电力系统伴生绿氢生产。中国光伏发电、风电平均年利用小时分别约为1200小时、2200小时，传统电力供需平衡条件下所有电源的平均年利用小时约为4000小时，随着新能源电量渗透率的不断提高，除一部分发电量用于新能源场站本身的配套储能外，会有大量新能源电力存在结构性富余，因此，电力制氢进而生产其他二次能源（如甲醇等），再作为电力用储能具有必然性特点。当前，由于新能源渗透率不高，新能源电力结构性富余并不严重，无论从经济上、能源效率上，还

是从氢产业链配套上，都难以规模化生产和使用绿氢，只宜因地制宜地开展。

以上电能的生产、输送及消费方式的重大变化，使得新型电力系统的运行机制与传统"源随荷动"的电力系统相比发生重大变化，传统电力系统运行控制的渐变性规律向非线性、突变、非典型规律变化。例如，在能源危机及电力供需矛盾以短缺为主的时代，电力需求侧（"荷"侧）管理手段可以在一定程度上减轻电力供应侧（"源"侧）压力，从而达到能源资源节约配置的目的。在新能源大力发展初、中期，通过市场手段使电力需求方自愿响应电力系统安全稳定运行要求调节或转移负荷，以提高新能源电能利用率。随着新能源渗透率不断提高，电力系统的复杂性越来越大，供需双方不断融合，需求响应机制也发生重大变化，转变为高度智能化、高度市场化支撑的对源网荷储备进行一体化管理的机制，也可称之为供需耦合机制。

（三）新风险防范机制

在传统的电力系统中，为了防范电力安全风险在相关规定中有明确的电源备用要求，但这些备用电源基本上指的是检修备用、事故备用、负荷备用。备用总容量根据系统可靠分析确定，一般为电力系统最高负荷的25%～30%，这些备用在新型电力系统发展过程中仍将继续存在，但具体要求应根据系统变化进行调整，使之能够满足变化了的日常电力系统运行的要求。

所谓战略备用，是笔者为了解决非传统电力安全问题而提出的。例如，在传统电力系统中，长时间、大范围的阴雨天对电力系统的"源随荷动"机制并不构成电力供应风险（或风险很小），但在以新能源为主体的电力系统中，由于新能源发电与气象要素的必然关联性，如连续的、大面积阴雨天对光伏发电有极其重大的影响，用于解决新能源发电的一日时间内、一般性的随机性、波动性储能措施，已经不能解决此类"灰犀牛""黑天鹅"类重大电力供应风险。应对这种情况下的风险，必须要有不同程度的"战略备用"发电容量资源，以及配备一定的中、长周期储能设施。对此,在新型电力系统构建中,要对风险防范进行分级分类,以确定新型电力系统的技术边界、成本边界、责任边界。

① 对电力用户进行电力风险防范的分类分级,依据分类分级提供相应等级的电力风险防范。从降低全社会成本的角度看,对有的电力用户应比现在的安全防范要求更高,但对一些电力用户则可以降低安全防范等级,甚至可以在较长时期(如多天甚至数月)中断电力供应。

② 研究确定不同主体(各级政府、电力企业、用户)的电力风险防范的责任。大电网必须更加强大,但要明确功能,它是解决全局性(区域性)、重大性、节点性、支撑性电力安全的坚强保障,要由中央政府层面来管理,万万不可粗心大意,削弱其大范围能源资源配置的能力。而中等范围、局部的电力安全责任,将更多地由地方政府、分布式微电网承担,将安全风险分级、分散到各个更小的单元。

③ 根据安全等级不同,风险防范的措施也不同,确定电能的支付成本。在一定意义上讲,新型电力系统就是一个分散电力安全风险的系统,使大、中、小电力安全风险能够经济、有效、快速、协调解决,使其对国民经济和人民生活的影响减少到最低程度。

五、基本动力

创新是构建新型电力系统的基本动力。从古至今人类利用太阳能没有间断,但是真正称太阳能为新能源是以现代综合性技术应用为标志的。所以,新能源之"新"是指新技术应用而不是指能源本身。同时,新型电力系统之"新"也不仅指"形态"之新,而是电力系统的一系列创新之"新",包括传统电源、电网、用电、储能等的创新,不仅是技术创新而且包括管理创新。

新型电力系统所需的技术创新面临着全新的挑战。一方面是现有技术如何应用在新型电力系统之中以解决当前的实际问题;另一方面要构建新型电力系统运行新理论体系,在新的理论体系下,如何推进更大的新技术创新。面对"碳中和"的伟大历史使命,现有成熟技术不足以支撑全面实现"碳中和"要求，这需要电力系统持续不断进行技术创新，尤其是呼唤颠覆性技术的出世。

从问题导向和可以预见的技术发展来看，新型电力系统需要技术创新主要包括以下几个方面：

① 更高效率、更高质量、更低成本的太阳能、风能等新能源发电技术的持续性开发研究。

② 太阳能、风能的随机性、波动性及负荷波动性预测技术，全面提高短、中、长周期预测精度，根据不同需求（如大电网需求和微电网需求），研发相应的预测模型；把对气象要素的预测与中、长周期储能和电源战略备用及安全防范密切结合起来，形成新型电力安全预警防范体系。

③ 电力系统灵活性资源技术研究，包括电源侧火电机组灵活性改造技术，电网侧各种可控频率、电压、功角调节技术，用户侧储能，以及负荷集合需求响应技术等。

④ 更好适应转动惯量电力系统下的功角、频率、电压稳定要求的电力电子技术应用和智能化模拟技术；适应低转动惯量特性系统的电力系统稳定技术。

⑤ 多种类型的适应不同时间响应、不同功能要求的储能技术及相应商业模式创新。

⑥ 分布式能源系统、微电网系统及实现特定功能的功能型电能网系统（如电动汽车充电网）等与大电网连接及运行机制创新，发挥优势互补作用，以提高系统效能。

⑦ 破除传统观念，开展核电、水电适应新能源为主体的电力系统的运行模式创新。

⑧ 研究年轻的煤电机组如何因地制宜地与经济社会发展相协调的绿色、低碳、循环组合技术，使煤电在合理生命周期内发挥好综合功能。

⑨ 对构成新型电力系统的（发输变配用储备）的关键设备、工程、环节、信息网络、生产过程、重大运行机制等的安全性监测、评价、技术监督方法的研究。

⑩ 智能化电力系统集成创新，包括理论创新、技术创新、管理创新的研究，为供需耦合运行机制提供支撑。

⑪ 碳捕集、利用与封存技术及碳汇技术研究，特别是与新型电力系统在不同发展阶段应用的匹配性研究。

六、基本进程

新型电力系统构建必然贯穿于整个"碳达峰""碳中和"进程。由于新型电力系统构建是与各种要素之间互相协调配套的，不会发生先建一个新型电力系统，然后各要素再归其位的情况。所以，在这个过程中，新型电力系统将逐步由以化石能源电源为主导的电力系统，转换为化石能源与新能源在功能主体上各占半壁江山的电力系统，再转换成以新能源为主体的新型电力系统。从时间段上看，2035年左右是以智能电网为主要特征的新能源与化石能源共领风骚的系统，此后电力系统将加快向以新能源为主体的状态转变，到"碳中和"阶段，新型电力系统实际上演变成了一个高度智能化的能源互联网系统。

七、基本保障

深化电力体制改革是构建新型电力系统的基本保障。不深化电力体制改革，就难以推动新型电力系统构建。构建新型电力系统的总体思路是要回归电能商品属性的主体地位，包括电能质量（时空特性和物理特性）属性，同时，要在商品属性和一定的公共属性之间划好界线。在发挥好市场配置资源的决定性作用的同时，政府之手也要更加发挥好作用。中国实现"碳达峰""碳中和"目标必然是"压缩型"进程，如果没有发挥好政府的作用，要么是政策迟滞，要么是政策冒进，都会影响转型的进程和质量。而政策制定（包括规划、标准等）要求在方向上和原则上体现出稳定性，在具体内容上和出台时机上要有一定的灵活性和即时性。

第二节　构建新型电力系统的关键技术

随着大规模新能源电力接入电网,电力系统结构形态、运行控制方式将发生根本性变革,形成以新能源电力生产、传输、消费为主体的新一代电力系统。新型电力系统是多元、开放、包容的电力系统,是具有恢复力的弹性系统,是以电网为枢纽平台的综合能源系统,是高效智能的社会信息物理系统。为了加快构建以新能源为主体的新型电力系统,必须加强电源侧、电网侧和负荷侧六大关键技术研究,即电网友好型先进发电技术、多元互补与灵活发电技术、新型电网结构与特高压输电技术、电网智能调度控制与安全防御、可平移负荷资源利用与储能技术、新型用电方式与供需协同机制。

新型电力系统的绿色、安全、经济发展,需要统筹源、网、荷侧资源,完善调度运行机制,多维度提升系统灵活调节能力、安全保障水平和综合运行效率,满足新能源开发利用、经济社会用电需求及综合用能成本等综合性目标。

一、发挥电源侧的灵活调节和协调运行能力

当前,综合比较各类电源侧灵活性提升措施的成本和效益,火电灵活性改造仍是最具经济性的方案,且可优化存量电力消费结构。"十四五"期间,应继续大力推动火电灵活性提升,完善火电机组主动深度调峰的补偿机制,充分发挥存量煤电机组的灵活调节能力。对于燃煤自备电厂,应结合碳排放权交易与可再生能源电力消纳责任权重考核,扩大清洁能源替代发电权交易规模,引导其主动调峰消纳清洁能源,打造高比例绿色转型示范。对于抽水蓄能、调峰气电等灵活性电源和支撑性电源,应结合各地区电力系统需求、建设运行条件和电价承受能力,合理规划建设,同时加强应急备用电源建设,切实保障电力安全可靠供应。新型储能当前较为昂贵,应结合需求因地制宜建设。在充分考虑新能源

发展需求与各类灵活调节措施后,"十四五"期间全国新增储能规模有望达到 3000 万 kW 以上。其中,新能源项目通过配置储能、提升功率预测水平、智慧化调度运行等措施,可以有效提升并网友好性、电力支撑能力及抵御电力系统大扰动能力,成为系统友好型绿色电站,作为未来新型电力系统中可靠供电的主体电源。

提升电网侧的清洁电力灵活优化配置能力。"十三五"后期,随着新能源逐步进入平价上网阶段、消纳利用水平持续提升,"三北"地区凭借优异的新能源储量和资源条件、相对较低的开发建设成本,重新成为新能源开发建设重点区域,占全国年度新增风电、光伏发电装机的比重已由 2017 年最低的 47% 和 44%,分别增长至 2020 年的 61% 和 64%。与之对应,现役跨省区特高压输电通道及部分点对网通道平均规划配套可再生能源电量占比仅在 30% 左右。"十四五"期间,随着陆上新能源集约化规模化开发持续加快,"三北"地区新能源开发占比预计将保持在 60%~70% 的较高比例。为此,需进一步提升跨省区通道的输电能力和新能源电力占比,在全国范围内灵活优化配置资源。对于存量输电通道,在加强送受端网架、保障安全运行的基础上,应积极提升配套新能源规模,可争取将平均可再生能源电量输送比例提升至 40% 左右。对于规划新建输电通道,可通过"风光水火储一体化"模式,实现可再生能源电量占比达到 50% 以上,并探索"风光储一体化"等极高比例甚至纯新能源外送模式、柔性直流等灵活性输电技术的可行性。我国自主创新研发了多套 ±10 kV 直流核心装备,包括三端口直流断路器、IGCT 交叉箝位型换流阀。无论定制门极换流晶闸管、装置原理拓扑先进性,还是系统电压等级与容量均达到目前国际最高参数水平,攻克了柔性直流配电网关键装备研制难关。多端口的直流断路器发挥了能源互联网路由器的功能,是新型电力系统所需要的数字化转型乃至软件定义电力系统的重要支撑。传统电力系统更多强调可调控的资源,如储能电站、燃气电站等,电网自身的灵活性相对欠缺。在电网潮流不断变化特别是在配电侧大规模接入分布式电源时,通过电力电子模块化装置可以"模块组合、灵活适配",让配电网设备始终运行在效率最高的工况下,改变传统电力系统设备最佳运行工况单一的问题，有效降低系统全工况损耗。这就是新型电力系统下新型电力装备实现"着力提高利用效能"目标的具体体现。

二、挖掘用户侧的灵活互动和安全保障能力

用户侧是挖掘负荷增长潜力、优化电力消费结构的直接对象，也是提升系统灵活调节能力的重点方向。"十三五"期间，全国电能替代用电量合计超过8000亿kW·h，"十四五"期间需要进一步加快工业、建筑、交通等重点耗能和碳排放行业的电气化转型，预计电能替代实施潜力可达到1万亿kW·h以上。在新能源资源富集地区，可推动建设新能源就地绿色供电的示范工业园区，实现终端用能的绿色电能替代和低碳化发展。同时，可通过发展有源负荷和用户侧储能，健全需求侧响应与可中断负荷价格政策，引导大工业、工商业、居民等各类用户发挥灵活用电潜力。在具备条件的地区，可开展电动汽车灵活充电、大数据中心智能调度等虚拟电厂示范，合理配置新能源与储能设施，实现新能源电力的自主调峰和高效利用。此外，针对大规模分布式新能源的就地开发利用需求，应加快配电基础设施和新能源微电网建设。通过配电网建设改造和智能化升级，实施农村电网巩固提升工程，推动微电网与大电网灵活互济，有效提升分布式新能源的接入消纳能力及终端用户的供电可靠性。

三、加快关键技术装备的集中攻关和示范引领

科技创新是构建新型电力系统的关键支撑。"十四五"期间，亟须在系统运行机制、智能调度、新型储能等关键技术和装备上实现突破，可先行开展一批探索建设新型电力系统的示范工程，待形成示范效应后逐步推广应用。

（一）"双高型"电力系统的运行机制和关键技术

随着间歇性、波动性新能源接入电网规模的快速扩大，新型电力电子设备应用比例的大幅提升，传统电力系统的运行规律和特性产生了极

大改变。对于高比例新能源、高比例电力电子装置的新型电力系统，由于系统转动惯量减小、频率调节能力降低，以及新能源设备涉网性能标准相对偏低，新能源大规模并网后容易引发脱网和系统振荡等问题，对电力系统的安全稳定、经济运行带来了显著影响。为此，亟须依托大数据、云计算等数字化技术，全面实施升级改造，建设先进的电力系统模拟运行仿真技术平台，深入研究相关的运行机制和关键应对技术，增强电力系统的信息化水平和安全防护能力。同时，需要深入研究储能等新技术大规模应用后的新能源电力支撑潜力、负荷侧灵活调节潜力，创新源网荷储统一参与电力平衡的规划设计方法、协同运行理论，最大化提升系统的安全稳定运行水平和新能源消纳利用水平。

（二）"源网荷储一体化"的智慧灵活调度技术

智慧灵活调度技术是充分发挥源网荷储各环节灵活调节潜力的关键。长期以来，我国电网调度采取"统一调度、分级管理"原则，计划性较强而灵活性不足。未来，随着风电、光伏、储能的大规模分散式接入，以及分布式发电、可调节负荷、电动汽车充电设施等负荷侧灵活性调节资源的快速增长，电力市场主体将从单一化向多元化转变，电力输送将从发输配用单向传输向源网荷储多向互动灵活传输转变。在未来灵活开放的电力市场体系下，亟须改变电力系统的传统调度运行方式，通过引入5G、大数据、人工智能等新技术，充分利用大规模分布式的可调节电源、储能、灵活性负荷等各类资源，建设智慧高效、多向互动的高度智能化调度运行体系，实现源网荷储一体化的智慧灵活调度，更好地发挥电网促进清洁能源资源优化配置的平台作用。在大城市，电能替代正在加速，特别是电动汽车的大规模使用，城市电负荷增量很大，城市资源空间受限，直流承载更高容量、功率、潮流，具有很强的适用性。直流也成为城市配电网转型的重要方向。

分布式微电网直流系统内部实现模块化，使整个系统处在效率比较高的状态。目前，直流设备可靠性、经济性还存在一定的发展空间，但是直流是城市配电网可以明确预知的一个方向。复杂的交流系统会导致系统振荡等一系列问题，交流弊端显现，分布式微电网直流系统更加高效、灵活、稳定。在以新能源为主体的新型电力系统建设中，越来越多的集中式、分布式新能源接入，分布式微电网直流系统将会发挥更加重要的作用[12]。

（三）低成本、长寿命、高安全性的新型储能技术

储能是支撑构建新型电力系统的重要装备和关键技术，特别是新型电储能具有精准控制、快速响应、布局灵活的特点，可以突破传统电力供需在时间与空间上的限制，将不稳定的新能源出力转化为稳定可靠的电力供应，在提高电力安全保障能力、促进新能源消纳、提高系统运行效率等方面发挥重要作用。目前，电储能的成本仍然偏高，技术成熟度和安全性有待提升，规划运行机制尚未得到充分研究，商业模式和投资收益机制还不健全，制约了更大范围的规模化应用。"十四五"期间，需出台国家层面的新型储能指导政策，全局优化规模布局，加快技术研发和运行机制研究，健全价格收益机制，完善项目管理流程和技术标准规范，通过在源、网、荷侧的规模化应用推动成本持续下降。同时，应加快电、热、气等多品种储能的技术研发和协调应用，在不同时间和空间尺度上满足系统调节和电力存储需求，充分发挥多领域综合效益。

第三节　数字赋能

能源互联网是将系统性思维和数字化技术与能源生产、传输、存储、消费及能源市场深度融合的新型生态化能源系统，以可再生能源优先，以电力为基础，通过多能协同、供需协同等方式破解"能源不可能三角"，即无法找到一个能同时满足"能源的环境友好（即清洁能源）""能源供给稳定安全""能源价格低廉"这3个条件的能源系统。国家号召要把握数字化、网络化、智能化融合发展，以信息化、智能化为杠杆培育新动能。数字革命与能源革命的融合，将重构能源电力系统的运行模式和电力企业的治理方式。能源行业认为是能源的互联网化升级转型，

互联网行业则认为是互联网的能源化应用。为了支撑 2016 年 2 月国家发展改革委、国家能源局、工业和信息化部发布的国家能源互联网行动纲领性文件《关于推进"互联网+"智慧能源发展的指导意见》，清华大学能源互联网研究院在 2015 年承担了国家能源局能源互联网战略研究课题，辨析能源互联网的定义、内涵、关键技术等。新型电力系统是能源互联网"碳达峰""碳中和"目标下现阶段发展的核心形态。未来电力系统就像互联网系统一样，以平台拉近供需距离，实现供需协同，大众广泛参与，形成新型电力生态；以数据中心、5G 网络等新基建为支撑，通过"技术+机制"创新电力生态，实现数字转型和能源转型携手共进。

"碳达峰""碳中和"目标给能源革命提出了具体的时间表，这也是在能源发展过程、基于能源发展所取得的阶段性成果而提出的目标。构建以新能源为主体的新型电力系统是在"碳达峰""碳中和"目标下能源革命内涵的深化，为电力发展指明了方向，也给电力系统推进能源革命，推进生态文明建设，实现"碳达峰""碳中和"目标提出了具体要求。

新型电力系统还将呈现出其他几个支撑性的具体特征：一是灵活性特征，未来的电力系统将是一个强不确定性系统，这就需要灵活性资源得到充分利用。一方面是电源端和负荷端的灵活性，新能源将呈现智能灵活和友好并网，火电机组、天然气机组和储能电站将共同构成调峰电源体系；另一方面是电网灵活性，未来电网将从传统的发输配用的垂直单一模式转变为含多电力电子变换的功率与信息双向流动模式，电网电力电子化，实现软件定义电网。二是数字化特征，即泛在贯通、赋能高效。通过无处不在的数据采集和数据贯通，为电力生产、输送、调度和消费赋能，以电力大数据服务社会治理与经济发展，培育新型电力数字产业，为数字赋能。三是综合能源多网协同，即电力的延伸特征。电力系统将与天然气、交通、建筑等多领域互联互通，智能电网将与热力管网、天然气管网、交通网络进行互联互通，形成综合能源供应，构成综合能源系统，这也是推进新能源消纳、实现能源电力系统高效运行的有效措施。

新型电力系统建立的供需协同的响应机制,如研发智能计量与信息系统、智能调控与管理系统、大数据处理分析系统及用户终端设备,形成统一开放的设备标准体系等,建立大数据环境下人工智能调控策略,在电网运行状态全景可观测系统构建基础上,形成电网运行状态全景过程化可观测数据,这些数据是电网运行状态的真实轨迹,能够为未来电网的调控提供重要决策支撑基础。对于该问题,涉及以下几个研究方向:

① 发电、输电、用电预测。对于发电来说,电网中存在传统电源和可再生能源发电,风、光等可再生能源的预测精度问题、组合预测(如多个地域的风或光)问题在时间和空间层面需要进一步研究。对于输电元件来说,由于输电元件能力与温度、湿度、电流等具有相关性,因此需要研究其输电能力预测等问题。对于用电来说,主动负荷、被动负荷的研究都是未来的一个重要课题。除此之外,发电—输电—用电的组合预测问题,如在微电网、区域电网中,对于简化电网的分析、调控具有重要意义。

② 观测数据的规律提炼。最原始的电网全景过程化可观测数据中存在大量的规律值得研究。由于PMU量测的时间较短,因此可以提炼出微增率的信息,如负荷变化、输电线路载流变化、发电机等耗量微增率、功率转移分布因子等,更深入的可以研究负荷变化对于发电、输电线路、调控的影响,并采用人工智能的手段实现调控等。

③ 电网简化建模。在电网全景过程化可观测数据及规律提取基础上,可以形成数据驱动的电网模型,如反演欧姆定律、功率方程,并以此建立发电、输电、用电的电网模型,形成电网区域自治模型、集中统筹协调策略,简化电网分析、调控。

能源互联网的发展对国家、社会和城市治理起到了重要作用。例如,新冠肺炎疫情期间,国网浙江公司通过"电力大数据+社区网格化"算法,精准判断区域内人员流动量和分布,为地方政府科学决策与准确行动提供了坚实支撑。近期,新疆维吾尔自治区授牌成立了由国网新疆公司运营的全国首家省级能源互联网大数据实验室。这些都充分体现了政府、电力企业等对能源大数据在社会治理方面的重视。

能源互联网发展的成绩有目共睹，但也面临着不小的挑战。一是开放共享的能源互联网生态环境建设需要进一步加强，多方参与、平等开放、充分竞争的能源市场交易体系亟待完善，综合能源运营商和第三方增值服务供应商等新型市场主体仍需进一步培育，既需要机制的突破完善，也需要技术的创新支撑。二是数字中国的建设与数字经济的发展，给能源互联网带来了新的机遇与挑战。一方面，包括5G基站、数据中心在内的数字基础设施会带来大量的能耗，需要通过能源互联网的"系统性、整体性、协同性"的理念加强顶层设计，降低能耗，提升可再生能源利用水平，通过多站合一、共享杆塔、智慧路灯等物理资源共享方式，减少资源占用与环境影响；另一方面，如何充分发挥能源数据的价值，进一步构建以数据为关键要素的数字经济并运用大数据提升国家治理现代化水平，也是能源互联网在建设过程中需要解决的问题。

"数字经济"中的"数字"根据数字化程度的不同，可以分为3个阶段：信息数字化、业务数字化、数字转型。从能源领域的数字化转型来看，可以把它分为电子化、信息化、数字化、智能化等几个阶段。当前全球正处在以云服务与大数据平台为特征的数字化时代，随着数字技术的发展，当前数字化转型的目标是"泛在贯通、赋能高效"。通过无处不在的数据采集、业务链各环节及各个业务链之间的数据贯通，为生产赋能，使其与需求高效匹配；为销售赋能，使其随时了解客户与合同收付款情况；为管理者赋能，使其随时掌握企业情况从而高效决策；为数据赋能，使其增值，产生新的业务增长点等。

通过数字化转型，可以实现创新的运营模式与机制，为能源互联网多元化、规模化发展"赋能"。以能源大数据建设为例，将数据汇总到一起，以"全数据"发挥大数据的价值，这样的方式在单一主体内部实行相对可行，但在多个主体之间的数据贯通则会面临困难，需要明晰数据的所有权、使用权的权属，这时可以采用能源互联网"集中与分布协同"的理念，运用多方安全计算、联邦学习等技术，实现"数据不动模型动"，满足大数据业务需求，形成"虚拟大数据平台"。当然，这些创新模式都需要在技术、机制各方面进行深入研究与开发，并通过数字化转型才能实现。

能源互联网可以通过数字化转型实现进一步发展：第一，"产业数字化"，这是智能电网、智慧能源的延续与深化；第二，"数字产业化"，充分利用能源数据实时性、准确性、精细性等特点，形成造福国计民生、带来经济收益与社会价值的产品与服务；第三，"数字化产业"，把握数字经济总体形态与产业架构，结合自身禀赋与优势，形成服务数字经济的创新业务，如数字新基建的综合能源服务等，能源主管部门也要探索适应数字化产业的能源管理与服务模式。

在新的时期，能源行业要进一步开拓和转变思路，坚持创新、协调、绿色、开放、共享的发展理念，加快数字化转型的步伐，"软硬兼施"发展能源互联网，支撑国民经济与能源系统自身实现更高质量、更有效率、更加公平的发展[13]。

第四节 市场及机制建设

一、以国际经验对照我国机制建设中存在的问题

（一）完善配套政策：健全法律政策体系，提供制度保障

欧美国家在推进新能源发展过程中，不仅规定了中长期战略目标，还重视能源立法及体制机制设计。在立法方面，英国出台《能源法案》《电力市场改革》，德国不断修订《可再生能源法》等，以完整的法律框架保证了能源政策的前瞻性、连续性、可操作性。在市场机制方面，英国的双向付费差价合约制度通过合同价格信号引导低碳电力投资，保障可再生能源发电企业收益。在财政激励政策方面，德国在可再生能源发展的不同阶段，灵活制定包括固定上网电价、溢价补贴和发电招标制度在内的财政激励政策。在配套市场体系方面，英国设置包括碳排放税和配套碳价政策以限制燃煤发电；美国基于可再生能源配额制建立配套的绿色证书市场，强制性可再生能源发展目标与绿色证书市场相互配合、协调运行。

目前，我国的电力系统和电力市场建立在传统化石能源发电可控性和灵活性的基础之上，仍主要采用发电计划管理、政府定价等计划性手段，缺少灵活的交易和价格机制，可再生能源发电全额保障性收购制度难以落实。发电侧的电力辅助服务市场，使煤电处于付出与回报、责任与获利不对等的困境中，调峰能力得不到充分调用。财政补贴资金来源不足、补贴发放不及时，影响新能源企业正常经营和发展。长期以来以省为实体推进的电力市场建设，形成了独立体系、自我平衡、相对封闭的省级市场，不利于全国范围的系统规划、电源结构优化、跨省调度和交易。《能源法》长期缺位，《可再生能源法》可操作性相对较差，实施细则及配套法规有待完善[14]。

（二）提升调节能力：挖掘灵活性资源潜力，提高电力系统可靠性

目前国际上新能源发展较好的国家，具有灵活调节性能的机组装机比重普遍较高。其中，西班牙、德国、美国占比分别为34%、18%、49%。德国主要以占总装机37.3%的火电机组作为灵活性电源，包括硬煤发电机组、褐煤发电机组、单循环燃气发电机组及联合循环燃气发电机组。德国的经验表明，在充分挖掘火电厂潜力的情况下，燃煤机组的最小出力可以从50%~60%下降到35%~50%，爬坡速度可以提升到原来的3倍，冷启动时间缩短5%。随着欧洲各国陆续实施"退煤"计划，未来抽水蓄能电站、天然气发电、储能、电网互济将发挥更大的调节作用，预计上述灵活性资源装机将从2020年的1.22亿kW增加到2030年的2.02亿kW、2040年的2.6亿kW。各国的电力需求侧产品种类繁多，负荷集成商将需求侧资源作为产品在容量市场、辅助服务市场、零售市场上参与竞价交易。

我国灵活电源装机比重远低于发达国家水平，电力系统仍然以煤电为主体电源，抽水蓄能电站、燃气发电等灵活调节电源装机比重较低，不足6%。其中，"三北"地区新能源富集，风电、太阳能发电装机分别占全国的72%、61%，但灵活调节电源却不足3%。由于改造技术和补偿机制的原因，"十三五"期间，我国2.2亿kW煤电灵活性改造规划目标

仅完成了 1/4。储能产业发展仍然面临政策体系不完善、投资回报机制不健全、关键核心技术有待突破等问题。需求侧响应多数仍然通过"有序用电"的行政性手段开展，不能灵活跟踪负荷变化。按照"十四五""十五五"年均新增风光装机 1.1 亿 kW 测算，2025 年全国电力系统调节能力缺口将达到 2 亿 kW，2030 年进一步增至 6.6 亿 kW，调节能力不足将成为制约新能源发展的重要因素。

（三）做好技术保障：应用先进的发电预测及调度运行技术，提高新能源接入系统运行水平

电力系统消纳新能源的基础是新能源功率预测。德国基于天气预报的新能源功率预测属于商业领域，电网公司及电力供求各方购买来自专业机构的预测服务。目前，德国风电功率预测误差可达到 2%~4%，太阳能发电可达到 5%~7%。新能源大规模发展后，数量多、规模小、随机性强的新能源机组个体给电网调度模式带来很大压力。德国电网通过各输电网控制中心和上百个配电网控制中心实现对风电场的实时调度。德国《可再生能源法》规定，所有容量大于 100 kW 的可再生能源发电设备必须具备遥测和遥调的技术条件，才允许并入电网，风电场实时数据直接上传至配电网控制中节能调度战略的实施对于发电计划和运行方式也提出了越来越高的要求，特别是在新能源大规模集中开发的背景中，要求电网具有更强和更灵活的能力。当前我国正处于电力体制改革的重要阶段，现行的规划体系已经无法满足电网快速发展的实际需求，因此要对电网规划工作进行积极的创新，从而提高其针对性和协调性，这不仅是我国电力事业发展的必经之路，同时也是提升我国国际竞争力的必然要求。

我国可再生能源发展时间短、速度快、数据积累少、机组数量庞大，全国目前有超过 6000 座大型新能源电站和几百万个低压接入的分布式发电系统，在应对复杂多变的资源气候条件、大规模新能源集群发电、极端天气事件的情况下功率预测的准确度不高。我国风电功率短期预测的平均绝对误差多在 6%~18%，其中西北内陆地区风电功率预测误差较大。适应新能源消纳需要的电网调度运行新机制尚未建立，现有信息化手段不能充分满足新能源功率预测与控制、可控负荷与新能源互动等需要，多能协调控制技术、新能源实时调度技术、送电功率灵活调节技术等新能源消纳平衡技术亟待加强。

（四）统一电力市场：跨国电力互联互济，促进电力资源优化配置

欧洲已建成统一互联电网，并且依托统一电力市场建立了较为完善的市场机制，新能源在各国之间能够基本上实现自由流通。丹麦与周边国家跨国输电线路输电容量达到 800 万 kW，是风电装机容量的 1.6 倍。2019 年，丹麦全国总用电量中有 46.9% 来自风力发电，这主要得益于北欧电力市场和挪威水电的互联互济。德国与周边九国的电力交换能力已经达到 2500 万 kW，占其总装机容量的 12%、冬季最高负荷的 30%。葡萄牙与西班牙电网相连，最大功率交换能力 310 万 kW，占风电装机的 65%。为了增加电网互联容量，欧盟提出 2020 年各成员国跨国输电能力至少达到本国装机容量的 10%，2030 年要达到 15%。

我国当前呈现七大区域电网供电格局，区域电网内部构架清晰、分层分区。"十三五"期间，全国建成投运跨省跨区重要输电通道 23 条，国家电网形成"十三交十二直"特高压电网，南方电网形成"八交十一直"的西电东送大通道，全国大电网基本实现联通，西电东送能力达到 2.6 亿 kW。各区电源、负荷的时空互补特性为开展跨区跨省水火互济、打捆外送提供了物理基础。然而电力交易的省间壁垒依然存在，近年来电力供需形势宽松，部分省份宁可用本地煤电也不愿用外来清洁电，甚至限制和干预省间电力交易，一定程度上阻碍了跨区资源优化配置。

二、以国际教训预判我国潜在的风险

（一）源网脱节风险：电源电网发展不协调，导致新能源电力相对过剩

在能源转型初期，德国对新能源发电实施了大规模补贴措施，导致新能源发电量飙升，而配套电网建设和改造没有得到重视。2000—2019

年，德国的可再生能源发电量占比从7%增加到35%，而用于输送可再生能源电力的7700 km规划输电线路却只建成8%，两者速度的"一快一慢"反映了德国风电和电网发展的不协调。电网建设滞后于新能源电力生产，造成大量的风电浪费。随后，德国通过修订《可再生能源法》，限制陆上风电扩建速度，以适应电网扩建滞后的现状，对能源转型节奏进行适当调整。

"十二五"末，在电力需求增长放缓的发展形势下，由于电源电网发展不协调、跨省跨区可再生能源消纳机制不健全、国家与地方可再生能源发展规划统筹不够等原因，我国可再生能源发展出现了"边建边弃"、"窝电"与"弃电"并存的情况，弃风率、弃光率分别高达15%、11%，甘肃、新疆、吉林三地弃风率更是超过了30%。"十三五"期间，通过加强输电通道建设、完善机制、提升灵活性等手段，弃电率明显下降，2020年弃风率、弃光率分别降至3.5%和2%。在2030年风电、光伏发电装机达到12亿kW以上的目标引导下，新能源产业将迎来新一轮爆发式增长，在资本狂热及后疫情时代地方投资拉动驱使下，若相关管理监管不到位，可能会再次出现快审批、抢规模、占份额的现象，造成项目盲目布局甚至无序发展，电网无法消纳，弃电率再次攀升。据统计，目前14家能源电力央企"十四五"规划的新能源装机数据已经超过6亿kW，若全部投产，2025年全国新能源装机将达12亿kW。

（二）生态环境风险：火电一度逆势增长，加大碳减排目标完成难度

2011年日本福岛核电事故后，德国因"安全原因"宣布逐步退出核电。为弥补核电退出带来的电力空缺，同时也为高比例可再生能源电力提供调峰电源和备用容量，德国天然气发电占比逐年提高，淘汰煤电进程相对欧洲其他国家较为缓慢。据统计，2020年德国天然气发电量同比增加12%，煤电占比约为24%，远高于11%的核电占比。德国可再生能源发电量占比的大幅提高并未使碳排放显著下降，甚至还出现了反弹。德国原计划在2020年前实现温室气体排放较1990年减少40%，鉴于这一目标很可能无法实现，德国于 2019 年又制定了《气候保护计划2030》，寄希望于新计划能够推动德国实现 2030 年减排目标。

尽管近年来我国煤电的清洁化发展，使得各项污染物排放量都下降了 90% 以上，但是煤电的高碳排放特征没有改变。因此，为实现"碳达峰""碳中和"目标，解决高碳煤电的利用问题是低碳电力发展的核心。为拉动地方经济、应对新冠肺炎疫情冲击，一些地方新核准建设了一批煤电项目。据统计，2020 年全国新增煤电装机约 4000 万 kW，累计装机容量达 10.8 亿 kW，同比增长 3.8%。2020 年煤电发电量超过 4.6 万亿 kW·h，比 2015 年增加了 7000 亿 kW·h，相应的二氧化碳排放增量为 5.6 亿 t 左右，占"十三五"期间二氧化碳排放增量的 80% 以上。如果"十四五"仍然大幅建设煤电来填补短时尖峰负荷缺口，有可能造成电力高碳路径锁定、煤电资产搁浅、碳排放"高位达峰"，给实现"碳中和"目标带来巨大压力，贻误"碳达峰"的"关键期""窗口期"的有利时机。

（三）安全运行风险：高比例新能源接入，电力系统抗干扰能力下降

随着新能源的不断接入，传统电力系统以火力同步发电机为主的运行方式随之改变，发生连锁故障、大面积停电的风险也日益加大。一是新能源机组的频率、电压支撑能力弱。新能源大规模接入导致电力系统转动惯量下降，当负荷变化导致系统频率快速变化时，新能源机组无法提供惯量支撑以减小电网频率变化。2016 年 9 月 28 日，新能源发电占比高达 48%的南澳大利亚州，受强台风和暴雨等极端天气影响，88 秒之内遭受 5 次系统故障，引起 6 次电压跌落，导致 9 座风机场脱网，最终演变成持续 50 小时的全州大停电。二是新能源机组抗干扰能力弱。受限于电力电子器件的电压、电流耐受能力，新能源机组在电网发生扰动时存在一定的脱网概率。2019 年英国"8·9"大停电中，雷击导致线路故障，由于海上风电场涉网性能不足，引发海上风电场次同步振荡，导致 737 MW 海上风电机组脱网，之后相继引发 244 MW 燃气机组、500 MW 分布式电源跳闸，最终造成英格兰与威尔士大部分地区停电，约有 100 万人受到停电影响。

我国电网中局部的新能源电站脱网问题也时有发生，2015年1月，新疆哈密山北地区风电机组持续产生次同步振荡，导致风电场附近3台66万kW火电机组跳闸，同时造成该地区电网频率下降。过电压、谐振、电压稳定、次同步振荡等一系列问题，都和我国新能源装机比例快速攀升直接相关。由于我国的资源禀赋特性，目前主要以大规模集中开发、远距离送出的发展模式为主，风电场普遍位于电网末端，当地电网结构普遍比较薄弱。随着未来集中送出的风电总装机容量越来越大，接入电力系统的电压等级越来越高，风电场发生事故对电网的影响程度也将增大。

（四）电价上涨风险：系统性成本上升，引起终端电价上涨

全球已有超过30个国家的风电和光伏发电成本低于化石燃料发电。但从系统整体来看，新能源并没有实现真正意义上的"平价"，配套电网建设、调度运行优化、备用服务、容量补偿等辅助性的投资不断增加，整个电力系统成本随之增加，最终由终端用户买单。德国的电力调度机构每年为平衡系统付出的成本已超过15亿欧元并呈上涨趋势，输配费用较2009年上涨接近30%，可再生能源附加费占电价比例由5%上涨至21%。为了确保德国工业竞争力，德国法律允许工业用户不承担分摊可再生能源附加费义务，高耗能大企业也获得减少缴纳可再生能源附加费的"豁免权"。因此，可再生能源附加费主要由居民用户来分摊。2019年，德国可再生能源装机占比接近40%，10年提高了24个百分点，而电价上涨了30%。电力开支甚至达到了普通家庭年收入的1/10。近10年以来，澳大利亚电力价格指数已飙升117%，远高于同期CPI。其中，南澳大利亚州电价更是高居全球度电税后价格第三，仅次于丹麦、德国。

我国电价改革40多年来，以明显低于发达国家的电价确保了接近发达国家的供电保障能力、电力普遍服务水平和清洁能源供给能力。2018—2020年，我国一般工商业电价实现了10%、10%、5%的"三连降"，企业获得了真金白银的降价红利。近年来，国家降电价的宏观政策，常常被简单理解为电力市场改革的前提，导致社会上普遍存在"电力改革降价为先"的误区，拿"电价降了多少"作为改革成功与否的重要评判标准，对能源转型应付出的成本代价没有做好充分的思想准备。随着新能源装机比例的提高，降电价的预期与系统成本上涨之间的矛盾会愈发突出。一方面，不断降低的电价上限，不利于合理反映电力的商品价值，不利于辅助服务市场和其他配套市场机制发挥作用、引导灵活性资源等辅助性投资；另一方面，发展新能源带来的全系统、全社会成本的显著上升，若任由市场传导至消费端，不利于实体经济产业竞争力提升，不利于社会和谐稳定[15]。

三、对策措施

国际经验教训表明，在发展高比例新能源的过程中，一些国家不同程度地遇到了"安全、经济、清洁"方面的风险挑战，面临难以破解的"既要、又要、还要"的三难乃至多难问题。与一些发达国家早已实现"碳达峰"、再经历60~70年时间从"碳达峰"向"碳中和"过渡相比，我国"碳达峰""碳中和"的速度更快、力度更大、任务更艰巨。因此，要保持战略定力和稳健节奏，充分吸取国际经验教训，未雨绸缪，周密谋划，努力破解问题、避免风险，走出一条适合我国国情的、以新能源为主体的新型电力系统发展之路。

（一）把握"双碳"目标"窗口期"，避免电力行业高位达峰

"十四五"是"碳达峰"的关键期、窗口期，达峰时间的早晚和峰值的高低直接影响"碳中和"实现的时长和难度。"碳达峰"不是"攀高峰"，"窗口期"不是继续扩大煤电的"窗口期"，要做好内外两方面的准备，推动煤电转型发展。从外部看，电力市场建设要为推动煤电由主体性电源转变为基础性、调节性电源提供制度保障，遵循"谁受益、谁承担"的原则，建立健全煤电机组容量补偿机制和辅助服务分担机制。从内部看，煤电企业要做好节能减排工作，持续降低二氧化碳排放水平，探索提高碳捕集、利用与封存技术水平。在"十四五"这个关键的"窗口期"，能否做好技术和市场准备，实现转型发展，对于煤电行业来讲，具有决定

性影响。抓住了这个"窗口期"机遇,就可以从越走越窄的"以量保利"的老路子转换到"电量兜底＋电力调峰＋容量备用"多功能发展的新路子;错过了这个关键期,不仅会丧失"窗口期"伴随的宝贵机遇,而且还将面临更加严峻的生存压力。

(二)推动源网荷储"一体化",提升电力系统灵活性

源网荷储一体化发展是电力行业坚持系统观念的内在要求,是构建新型电力系统的重要手段。推动"源与源协同",注重稳定电源与非稳定电源的协同,推动风光互补、水火互济等,实现出力平稳。优化各类电源规模配比,在确保安全的前提下,稳步提升输电通道输送可再生能源电量比重。推动"网与源协同",加强国家与地方规划衔接、电源电网规划衔接、电源电网管理衔接,防止网源建设脱节。要"以网引源"促协同,优先在电网接入条件较好的地区开发新能源项目。建设好配套电源,提高跨区跨省输电通道利用率。推动"网与荷协同",积极推动用户侧负荷管理从行政化的有序用电方式向市场化的需求侧响应方式转变。通过价格信号调配负荷需求,引导各类用户主动参与电力需求侧响应。提高用户侧的智能化水平和高载能负荷灵活性,大力发展用户聚合服务,促进源荷双向的智能互动。推动"储与源网荷协同",充分发挥储能系统的双向调节作用,将储能纳入电源电网发展统筹规划。建立储能产业发展成本疏导和投资回报机制,完善抽水蓄能电价形成和容量电费分摊机制。

(三)算好经济民生"两本账",用好市场和政府"两只手"

电价问题牵一发而动全身,且与其他能源价格紧密相关,甚至关系到社会稳定问题。要充分认识我国仍然是世界上最大的发展中国家、仍然处于社会主义初级阶段、仍然处于工业化进程中的基本国情,在构建新型电力系统的过程中,注重经济效益与社会效益协同,既要算好"经济账",也要算好"民生账"。一方面,在政府的有效监管下,建设适应我国国情的电力市场化价格形成机制,还原电力的商品属性,发挥市场对价格的调节功能,体现市场价格正常波动,提高电力资源配置效率。

深化辅助服务市场建设，明确辅助服务成本向终端用户传导。另一方面，也要兼顾公平满足兜底，保障基本公共服务供给，妥善处理电价交叉补贴，确保居民、农业、重要公用事业和公益性服务等用电价格相对平稳。电价调整要充分考虑社会各方面的承受能力，"小步慢跑"。持续健全价格监管体系，既要防止价格偏低影响电力安全，又要防止价格偏高影响实体经济竞争力。提高价格透明度，向公众普及低碳绿色转型成本，增进社会各方对价格改革的理解支持，形成共同推动实现"碳达峰""碳中和"的全社会合力。

（四）坚持全国上下"一盘棋"，实现电力资源优化配置

我国拥有全球最大规模的大电网系统，具备大范围电源互济、负荷互补的基础条件，要树立全国"一盘棋"思维，推动新能源在全国电网格局下优化配置。在电网结构上，完善送受端网架，持续提升已建输电通道利用效率，新增跨区输电通道以输送清洁能源为主。推进国网和南网继续加强联网工作，实现电力互补余缺、互为备用，提高电网安全保障能力。在市场设计上，以建设跨省跨区电力市场起步，逐步推进全国统一电力市场建设，实现电力资源自由流通和优化配置。完善跨省区电力市场交易体制，探索跨省区辅助服务市场、跨省区可再生能源增量现货市场。在思想理念上，地方政府要自觉从实现"碳达峰""碳中和"大局出发，形成整体合力，打破省间电力交易壁垒，确保省间清洁能源电力送电协议的执行。

（五）强化政策科技"驱动力"，加快构建新型电力系统

构建新型电力系统，既要在技术层面做好关键核心技术的突破，也要在机制层面做好政策创新的设计。发挥宏观政策的"拉动力"作用。坚持立法先行，加快《能源法》出台，修订完善《电力法》《可再生能源法》，形成促进可再生能源发展的法治保障和法律秩序。加快完善有利于绿色低碳发展的价格、财税、金融等经济政策，以电价补贴确权及相关金融配套政策，促进新能源行业健康有序发展。推动碳市场和电力市场协同发展，将电能价格与碳排放成本有机结合，发挥两个市场相互促

进、协同互补作用。发挥科技创新的"推动力"作用。加快电力系统构建和安全稳定运行控制等技术研发，加强特高压和柔性交直流输电技术的研究和推广应用。探索各种方式的碳捕集、利用与封存技术，寻找合适的技术路线，不断降低碳封存利用成本。完善新能源并网等相关技术标准，提高新能源发电机组涉网性能。利用大数据、云计算、"互联网+"等先进技术，提升新能源功率预测精准度，加强电网调度机构与发电企业在可再生能源发电功率预测方面的衔接协同。针对气候变化这一全球性挑战，组织开展极端气候条件下电网安全防控体系的理论研究和实践探索。

第四章　构建新型电力系统的长远部署

第一节　指导新型电力系统发展的上层建筑

习近平总书记在第七十五届联合国大会上做出"碳达峰""碳中和"的郑重承诺,随后在中央财经委员会第九次会议上,再次对"碳达峰""碳中和"做出重要部署,强调要构建以新能源为主体的新型电力系统,明确了"双碳"背景下我国能源电力转型发展的方向。当前,全国上下正在新的赶考之路上,电力系统全员上下积极为党和人民争取更大光荣。作为能源电力领域的骨干央企,国家电网有限公司面临的最为重大而紧迫的战略任务,就是深入贯彻"四个革命、一个合作"能源安全新战略和"双碳"部署,加快推动构建以新能源为主体的新型电力系统,为全面建设社会主义现代化国家提供清洁低碳、安全高效的电力保障。

构建以新能源为主体的新型电力系统,是以习近平同志为核心的党中央着眼加强生态文明建设、保障国家能源安全、实现可持续发展做出的一项重大部署,对我国能源电力转型发展具有重要的指导意义。

一、指明了能源电力行业服务"碳达峰""碳中和"目标的核心任务

能源行业碳排放占全国总量的80%以上,电力行业碳排放在能源行业中的占比超过40%。实现"碳达峰""碳中和"目标,能源是主战场,电力是主力军,电网是排头兵,大力发展风能、太阳能等新能源是

关键。习近平总书记提出构建以新能源为主体的新型电力系统，是对能源清洁低碳转型大势的准确把握，是对新能源在未来能源体系中主体地位的科学定位，是对电力系统在服务"碳达峰""碳中和"中发挥关键作用的更高要求，极大地增强了能源电力行业加快转型升级的信心和决心。

二、指明了能源电力创新突破的努力方向

习近平总书记提出构建以新能源为主体的新型电力系统，是对能源电力创新趋势的深刻洞察，代表了电力生产力大解放大发展的方向。近年来，电力电子技术、数字技术和储能技术在能源电力系统日益广泛应用，低碳能源技术、先进输电技术和先进信息通信技术、网络技术、控制技术深度融合，推动传统电力系统正在向高度数字化、清洁化、智慧化的方向演进。构建新型电力系统，有利于凝聚行业共识，促进协同创新，破解能源转型技术难题，抢占行业发展制高点，提高我国电力产业链现代化、自主化水平。

三、指明了能源电力行业高质量发展的必由之路

随着经济发展、社会进步和能源转型，电力的应用领域不断拓展，电力服务需求和消费理念日益多元化、个性化、低碳化，电力行业的新产业、新业态、新模式不断涌现。构建新型电力系统，将为供需精准对接、满足能源需求、挖掘潜在价值、降低社会能耗、促进产业升级提供强有力的平台支撑，以高质量的电力供给为美好生活充电、为美丽中国赋能，为服务构建新发展格局做出积极贡献。新型电力系统是以新能源为电能供给主体，具有清洁低碳、安全可控、灵活高效、智能友好、开放互动基本特征的电力系统。首先，具有高度的安全性。新型电力系统中的各级电网协调发展，多种电网技术相互融合，广域资源优化配置能力显著提升，电网安全稳定水平可控、能控、在控。其次，具有广义的开放性。新型电力系统通过装备技术和体制机制创新，呈现多元、开

放、包容的特性，可以有效破解新能源发电大规模消纳难题，促进多种能源方式的互补互济。最后，具有充分的适应性。新型电力系统有效实现新型用电设施灵活接入，支撑各类能源相互转化、新型负荷双向互动，为供需精准对接、降低社会能耗提供平台支撑。新型电力系统的构建将打破传统电力系统的既定模式，将形成以新能源为电能供给主体的新系统，推动电网向能源互联网升级，打造坚强智能电网，推进各级电网协调发展，满足人民对美好生活向往的电力需求；将促进源网荷储协同互动，统筹电源侧、电网侧、用户侧功能与需求，切实提高电力系统整体运行效率和电网安全稳定水平；将最大限度地发挥体制优势，更加有力地推动统筹发展、科技创新、深化改革，构建统一开放、竞争有序的全国统一电力市场，促进电力工业科学健康发展。

国家电网有限公司提出，在构建新型电力系统过程中，要牢牢把握"十四五""碳达峰"的关键期、窗口期，坚持系统观念，推动构建以新能源为主体的新型电力系统。我们要以确保能源电力安全为基本前提，以满足社会发展电力需求为首要目标。其中一点就是要实施精准负荷分类聚合响应，要挖掘消费侧提高能效潜力，让有限电力更多用于单位能耗产出贡献度更高的优质企业，服务加快形成绿色低碳循环发展经济体系。要在需求侧实施负荷聚类控制，守住民生用电底线，精准甄别归集各类用电客户，实现从"控能"转向"控碳"，保障产业链、供应链安全稳定和经济持续平稳发展。在此基础上要着力构建适应大规模新能源发展的电力产供储销体系，确保安全可靠供应，一要发挥电网资源配置的平台作用；二要推动坚强局部电网建设；三要合理推动支撑性电源建设、基础性电源建设；四要构建规模合理、分层分区、安全可靠的电力系统，强化电力安全和抗灾能力，扎实提升电力工业本质。

第二节 构建新型电力系统的战略意义

一、加快电力行业发展的重要方法

构建以新能源为主体的新型电力系统，是党中央基于加强生态文明建设、保障国家能源安全、实现可持续发展做出的重大决策部署。2014年6月13日，中央财经领导小组第六次会议上提出"四个革命、一个合作"的国家能源安全新战略："四个革命"是指推动能源消费革命，抑制不合理能源消费；推动能源供给革命，建立多元供应体系；推动能源技术革命，带动产业升级；推动能源体制革命，打通能源发展快车道。"一个合作"是指全方位加强国际合作，实现开放条件下能源安全。构建以新能源为主体的新型电力系统是推动"四个革命、一个合作"国家能源安全新战略落地的创新实践。"贫油少气富煤"和太阳能、风能富集的资源禀赋，中东部负荷中心与西北部能源资源中心逆向分布的特征，未来社会电气化、智能化程度越来越高的发展趋势，决定了电力系统在我国能源事业发展中扮演的角色和发挥的作用会越来越重要。近年来，在"四个革命、一个合作"国家能源安全新战略的指引下，我国电网建设得更加坚强智能，光伏发电和风电等新能源快速发展，煤电也更加清洁高效，电力市场化改革不断实现新突破，消费领域电能替代加速推进，电力领域改革发展取得了显著成就。

要实现我国应对全球气候变化挑战、实现全人类可持续发展福祉和进一步推动能源电力领域改革发展的双重任务目标，构建以新能源为主体的新型电力系统是最佳解决方案。加快建设新型电力系统，将推动我国能源消费更加科学节约，能源供给更加清洁高效，能源技术更加绿色先进，能源体制更加符合市场发展规律；同时，在"碳达峰""碳中和"的共同愿景下，推动我国能源电力领域与国际社会开展更加紧密的、全方位合作。

二、保障电力安全供应的重要举措

构建新型电力系统是电力发展大势和发展方向。目前，电力系统已经进入高比例可再生能源、年度新增装机以新能源为主的新阶段，未来将向着总发电装机以新能源为主、最终实现总发电量以新能源电力为主的方向有序演进。构建以新能源为主体的新型电力系统必将加快推进能源电力革命，保障电力的安全供应。

构建新型电力系统进一步丰富了国家能源安全新战略的内涵，是保障电力安全供应的重要举措。经过近年来的发展，我国能源短缺问题基本解决，能源技术取得巨大进步，能源供给侧改革实现较大发展，能源电力生产和消费对生态环境的损害得到有效控制但没有根本解决。

构建以新能源为主体的新型电力系统，有助于促进能源结构调整优化，保障国家能源安全。我国能源结构以高碳的化石能源为主体，对外依存度高，能源安全形势严峻，迫切需要加快能源结构调整优化，增加能源自主供应。新型电力系统是从能源品种、结构优化调整，进而推动能源低碳绿色发展的角度来着手构建的。可以说，构建新型电力系统是在新发展阶段深化能源革命和推进生态文明建设的新理论，是对国家能源安全新战略重要论述的深化、丰富和发展。构建以新能源为主体的新型电力系统，是在立足新发展阶段、贯彻新发展理念、构建新发展格局，加快推进生态文明建设和人类命运共同体建设，深入贯彻落实国家能源安全新战略的背景下，提出的新思想、新论断。电网企业连接发电企业和用户，在开展能源资源大范围优化配置、促进水火风光互补互济、推动源网荷储协同互动等方面发挥着引领和统筹作用。近年来，国家电网有限公司始终高度重视、全力服务新能源发展，通过推动电源结构和布局优化，构建多元化清洁能源供应体系；加快电网向能源互联网转型升级，打造清洁能源优化配置平台；推动全社会节能提效，提升终端电气化水平；推进电力系统技术装备创新，提升系统安全和效率水平；推动健全市场机制和政策体系，完善电力市场机制，推动出台相关支持政策等，促进新能源大规模并网、大范围配置和高比例消纳[16]。

国家电网有限公司明确了建设具有中国特色国际领先的能源互联网企业的战略目标。这一战略目标的本质，是以能源互联网为平台和手段，充分发挥电网在能源汇集传输和转换利用中的枢纽作用，以及作为能源配置平台、综合服务平台和新业务、新业态、新模式发展平台的价值作用，汇聚各类资源，促进供需对接、要素重组、融通创新，支撑构建以新能源为主体的新型电力系统和清洁低碳安全高效的现代能源体系。可以说，推动战略目标落地落实，就是公司推动构建以新能源为主体的新型电力系统的具体实践。

要确保能源供应，大企业特别是国有企业要带头保供稳价。能源安全事关发展安全、国家安全。构建以新能源为主体的新型电力系统，既是实现"碳达峰""碳中和"最主要的举措之一，也是促进电力科学发展和保障能源电力供给的必然选择。

三、推动能源转型升级的重要引擎

构建新型电力系统是构建清洁低碳安全高效的能源体系的中心。中央财经委员会第九次会议强调，要构建清洁低碳安全高效的能源体系，控制化石能源总量，着力提高利用效能，实施可再生能源替代行动，深化电力体制改革，构建以新能源为主体的新型电力系统。我国能源电力发展已经进入以电力为中心的发展新阶段，呈现出能源电力化、电力能源化、电力综合化的显著特征。新型能源尤其是绿色低碳新能源的开发利用，绝大多数是通过转化为电力来实现的。随着"以电代煤""以电代油""以电代气"等工作的推进，电能在终端能源消费中的比重加快提升，"多联供"、电动汽车和分布式能源系统不断发展，电力在某种程度上已经具备了全能型能源的属性，实现了能源价值增值。智能电网、能源互联网快速发展，电力数据等要素成为研判经济社会运行、服务政府管理与决策、助力企业发展、帮助用户科学用能等的关键要素，使得电力在经济社会领域实现更加重要而广泛的价值增值。很明显，构建以新能源为主体的新型电力系统在清洁低碳安全高效的能源体系中必然处于中心位置，有助于确保"碳达峰""碳中和"目标的实现。电能是现代能源系统的核心，通过打造以新能源为主体的新型电力系统，能更高效推进清洁能源在能源生产侧的替代，以及更大范围推进电能在能源消费侧的替代，加快高碳电力系统向低碳或零碳电力系统转变。以新能源为主体的新型电力系统，将推动电源侧清洁化、电网侧智能化、用户侧电气化，加快以电力为中心的清洁低碳高效、数字智能互动的能源体系建设[17]。

四、促进生态文明建设的战略选择

构建新型电力系统是能源绿色低碳发展，是我国实现"碳达峰""碳中和"目标的关键。中央财经委员会强调，要坚定不移贯彻新发展理念，坚持系统观念，处理好发展和减排、整体和局部、短期和中长期的关系，以经济社会发展全面绿色转型为引领，以能源绿色低碳发展为关键，加快形成节约资源和保护环境的产业结构、生产方式、生活方式、空间格局，坚定不移走生态优先、绿色低碳的高质量发展道路。推动能源绿色低碳发展的核心，就是加快构建以新能源为主体的新型电力系统。

绿色低碳成为传统能源企业发展的新赛道。多年来，能源企业肩负着油气保供使命，为国家经济发展和社会民生保驾护航。而今，时代给出了新考卷，"碳达峰""碳中和"已经成为传统能源企业的新使命，能源企业开始从不同维度驶入绿色低碳新赛道。国家电网有限公司把"绿色低碳"纳入公司发展五大战略。"碳达峰""碳中和"目标提出以来，国家电网有限公司多次召开专题会议，全面推进公司绿色低碳发展战略，加快研究确定"碳达峰""碳中和"发展目标、实施路径和行动方案。国家电网有限公司坚持站在国家战略高度，坚持立足行业及企业角度，注重技术可行性、经济可行性、操作可行性，强化协同配合，确保高质量推进相关研究工作，加快构建现代化能源体系，为建设美丽中国贡献"能源方案"。

构建新型电力系统，全面推进资源节约，促进资源利用方式的根本转变，加强节约管理的全过程，提高能源的利用效率。推进能源生产和消费革命，支持产业、新能源发展节能低碳和可再生能源，保障国家能源安全。提高新能源电力的流通和消费。加强自然生态系统和环境保护。坚持以预防为主体，综合治理，着力解决危害人民健康的优秀环境问题，坚持一个共同但有区别的责任、公平和各尽所能的原则。

构建新型电力系统、发展生态文明建设是人类为保护和建设美好生态环境所取得的物质成果、精神成果和制度成果的总和。它是一项系统工程，贯穿于政治建设、文化建设、经济建设、社会建设的全过程和各个方面，反映一个社会的文明进步状态。生态文明建设的根本目的是努力建设美丽中国，实现中华民族的可持续发展。从源头扭转生态环境恶化趋势，为人民群众创造良好生产生活环境，为全球生态安全做出贡献。更加积极地保护环境生态，更加自觉地爱护自然，努力走向生态文明的新时代。

构建新型电力系统、发展生态文明建设的战略步骤如下：

一是以创新引领，完善市场导向的绿色技术创新体系，推动能源体系绿色低碳转型，加快建立健全绿色低碳循环发展经济体系，初步形成绿色低碳循环发展的生产体系、流通体系、消费体系，生产生活方式绿色转型取得显著成效。

二是以"碳达峰""碳中和"目标与持续改善环境质量为引领，协同推进减污降碳，实施"碳达峰""碳中和"行动，继续打好污染防治攻坚战，明显降低碳排放强度，持续减少主要污染物排放总量。

三是以市场为导向，强化企业主体作用，健全绿色交易市场机制、绿色收费价格机制、绿色金融财税制度，完善绿色标准、绿色认证、统计监测制度和绿色法律法规，形成生态文明领域统筹协调机制，提高生态文明建设治理能力和治理体系现代化水平。

四是加强生态文明体系建设。将资源消耗、环境破坏和生态效益纳入经济社会发展评价体系，建立适应生态文明要求的指标体系、评价方法和奖惩机制。深化资源产品价格和税收改革，建立体现资源稀缺性、生态价值、市场供求和代际补偿的资源有偿使用和生态补偿制度。加强社会环境监管，完善生态经济环境保护责任制和环境损害赔偿制度。

构建以新能源为主体的新型电力系统是推动能源清洁低碳转型，助力"碳达峰""碳中和"的迫切需要。实现"碳达峰""碳中和"目标，能源是主战场，电力是主力军，大力发展风能、太阳能等新能源是关键。随着新能源大规模开发、高比例并网，并逐步成为电力供应的主体，系统电力电量平衡、安全稳定控制等将面临前所未有的挑战，构建功能更加强大、运行更加灵活、更加具有韧性的新型电力系统成为迫切需要。

生态文明建设其实就是把可持续发展推进到绿色发展的高度，给后代种树，也就是给后代留下更多的生态资产而不是留下遗憾。生态文明建设是中国特色社会主义事业的重要组成部分，关系到国家的未来、人民的福祉、两个百年的奋斗目标和实现中华民族伟大复兴的中国梦[18]。

五、构建电力发展新格局的强大动力

构建新型电力系统，构建电力发展新格局，我们是有显著制度优势和坚实改革基础的。党的十八大以来，我们围绕落实新发展理念、推动高质量发展、扩大对外开放，推出一系列重大改革举措，形成了一系列理论成果、制度成果、实践成果。要运用好这些改革成果，在抓落地见实效上加大力度、加快进度、拓展深度，使各项改革朝着推动形成新发展格局聚焦发力。

当前形势下，构建新型电力系统的新发展格局面临不少新情况新问题，要善于运用改革思维和改革办法，统筹考虑短期应对和中长期发展，既要在战略上布好局，也要在关键处落好子。要加快推进有利于提高资源配置效率的改革，有利于提高发展质量和效益的改革，有利于调动各方面积极性的改革，聚焦重点问题，加强改革举措的系统集成、协同高效，打通瘀点堵点，激发整体效应。要把构建新型电力系统的新发展格局同实施国家电网区域协调发展战略衔接起来，在有条件的区域率先探索形成新发展格局，打造改革开放新高地。要加强改革前瞻性研究，把握矛盾运动规律，守正创新、开拓创新，更加积极有效应对不稳定不确定因素，增强斗争本领，拓展政策空间，提升制度张力。

构建新型电力系统的思考和探索

习近平总书记在中央全面深化改革委员会第二十四次会议上强调,要推动国有企业完善创新体系、增强创新能力、激发创新活力,促进产业链创新链深度融合,提升国有企业原创技术需求牵引、源头供给、资源配置、转化应用能力,打造原创技术策源地。这为国有企业打造原创技术策源地提供了根本遵循,指明了发展方向。国家电网有限公司深入学习贯彻习近平总书记的重要讲话精神,加快推动新型电力系统建设,立足电网实际,高标站位推动构建以新能源为主体的新型电力系统。知者行之始,行者知之成。充分认识构建以新能源为主体的新型电力系统的重大意义,统一思想、提高认识、凝聚共识。

构建以新能源为主体的新型电力系统是顺应能源技术进步趋势、促进系统转型升级的必然要求。近年来,电力电子技术、数字技术和储能技术在能源电力系统日益广泛应用,低碳能源技术、先进输电技术和先进信息通信技术、网络技术、控制技术深度融合,既有力推动了新能源、分布式电源、微电网的快速发展,也极大促进了系统分析预测、运行控制水平的提升。构建以新能源为主体的新型电力系统,是科技进步的必然趋势,是创新驱动的必然结果,代表了电力生产力大解放大发展的方向[19]。

构建以新能源为主体的新型电力系统是实现电力行业高质量发展、服务构建新发展格局的重要途径。随着经济发展、社会进步和能源转型,电力的应用领域不断拓展,电力服务需求和消费理念日益多元化、个性化、低碳化,电力行业的新产业、新业态、新模式不断涌现。构建以新能源为主体的新型电力系统为供需精准对接、满足各种需求、挖掘潜在价值、降低社会能耗、促进产业升级,提供强有力的平台支撑,以高质量的电力供给为美好生活充电、为美丽中国赋能。同时,也有利于抢占行业转型发展的制高点,争取全球产业竞争的主动权。

构建新型电力系统的发展格局是一个系统工程,既要"操其要于上",加强战略谋划和顶层设计,也要"分其详于下",把握工作着力点。构建以国内大循环为主体、国内国际双循环相互促进的新发展格局,是适应我国发展新阶段要求、塑造国际合作和竞争新优势的必然选择。我们要强化系统观念,不断增强各领域、各部门、各要素之间的协同配合,在重点领域、关键环节、核心问题上寻找突破口,破解深层次问题、结构性障碍,在构建新型电力系统发展格局上取得更多实质性进展。以系统观念把握构建新型电力系统的发展格局,需要统筹好发展和安全两件大事。安全发展是构建新发展格局的重要前提和保障。贯彻落实总体电力电网安全观,不断完善推动高质量发展的体制机制,守住不发生系统性风险的底线,才能牢牢掌握改革发展的战略主动权。要牢固树立安全发展理念,加快完善安全发展体制机制,补齐相关短板,积极做好防范化解重大风险工作,促进经济社会安定有序,为构建新发展格局提供坚实保障。首先要有全局观,对系统的方方面面做到心中有数,同时要优先解决主要矛盾和矛盾的主要方面,抓住关键、找准重点[20]。

  知之深、信之笃、行之实。我们要站在服务生态文明建设和构建新发展格局的战略高度,深刻领会把握构建以新能源为主体的新型电力系统的重大意义,自觉以高站位、高标准、高要求,全力推动以新能源为主体的新型电力系统建设,为服务全面建设社会主义现代化国家做出新的更大贡献[21]。

参考文献

[1] 孔力,裴玮,饶建业,等.建设新型电力系统促进实现碳中和[J].中国科学院院刊,2022,37(4):522-528.

[2] 程文君.新型电力系统中各种发电方式的现状和研究方向[J].电力设备管理,2022(4):112-114.

[3] 范帅,危怡涵,何光宇,等.面向新型电力系统的需求响应机制探讨[J].电力系统自动化,2022,46(7):1-12.

[4] 郭琦,卢远宏.新型电力系统的建模仿真关键技术及展望[J].电力系统自动化,2022(10):18-32.

[5] 刘依晗,王宇飞.新型电力系统中跨域连锁故障的演化机理与主动防御探索[J].中国电力,2022,52(2):62-72,81.

[6] 胡健雄,汤奕,李峰,等.电力系统中数据—物理融合模型的并联模式性能分析[J].电力系统自动化,2022,46(1):15-24.

[7] 孙宏斌,潘昭光,孙勇,等.跨界思维在能源互联网中应用的思考与认识[J].电力系统自动化,2021,45(16):63-72.

[8] 曾鸣,杨雍琦,李源非,等.能源互联网背景下新能源电力系统运营模式及关键技术初探[J].中国电机工程学报,2016,36(3):681-691.

[9] 牛文娟,吴晨,薛贵元,等.面向新型电力系统的江苏省电力市场发展路径研究[J].广东电力,2022,35(3):1-10.

[10] 苏文婧,苏适,杨洋,等.以新能源为主体的新型电力系统建设面临的问题[J].云南电力技术,2022,50(1):24-28.

[11] 岳昊,郑雅楠.从国际经验教训看我国构建新型电力系统的问题和风

险[J].中国能源,2022,44(2):38-44.

[12] 黄雨涵,丁涛,李雨婷,等.碳中和背景下能源低碳化技术综述及对新型电力系统发展的启示[J].中国电机工程学报,2021,41(zl):28-51.

[13] 刘康先.基于数字化转型的新型电力系统构建[J].应用能源技术,2022(2):7-11.

[14] 舒印彪,陈国平,贺静波,等.构建以新能源为主体的新型电力系统框架研究[J].中国工程科学,2021,23(6):61-69.

[15] 张智刚,康重庆.碳中和目标下构建新型电力系统的挑战与展望[J].中国电机工程学报,2022,42(8):2806-2818.

[16] 张金平,周强,王定美,等."双碳"目标下新型电力系统发展路径研究[J].华电技术,2021,43(12):46-51.

[17] 韩肖清,李廷钧,张东霞,等.双碳目标下的新型电力系统规划新问题及关键技术[J].高电压技术,2021(18):41-42.

[18] 郭楠.关于双碳目标下的新型电力系统关键技术研究[J].电力系统装备,2021(21):83-84.

[19] 赖征田.面向新型电力系统的数字化转型关键技术研究[J].供用电,2022,39(2):1.

[20] 杜钰,符士侃.数字技术赋能新型电力系统建设研究[J].中国科技纵横,2021(21):17-18.

[21] 赵剑波,王蕾."十四五"构建以新能源为主体的新型电力系统[J].中国能源,2021,43(5):17-21.